Evangelismo explosive en América Latina

Un concepto creative para alcanzar el mundo

Dr. Cecilio "Woody" N. Lajara

ISBN 978-9929-647-15-2

Dedicatoria

A mi querida esposa Carmen, a mis hijos Iris, Mariselle y Juan, quienes, cuando yo salia a predicar, a enseñar, a capacitar pastores y líderes y a evangelizar, ellos se quedaban en casa orando por mí.

A mis amados discípulos y pastores en América Latina, la Península Ibérica y en las Iglesias Hispanas en los Estados Unidos

Caricatura de portada

Expresamos nuestra gratitud al hermano Luis Domingo Ordóñez (Mingo) por la caricatura que fue hecha durante una de las primeras clínicas en Buenos Aires, Argentina.

Índice

PRÓLOGO

La historia del desarrollo de Evangelismo Explosivo a través del mundo es muy inspiradora. Está llena de experiencias donde hombres y mujeres han puesto sus vidas en la línea en cada país en el continente latinoamericano, España y Portugal. Ellos han sido arrestados y acusados por la policía. Muchas veces tenían que dormir en lugares muy incómodos y con las mínimas facilidades y a veces los viajes eran interminables.

Dios dijo "id" y un grupo de hombres y mujeres estuvieron comprometidos con el mandato de nuestro Señor para equipar su Iglesia para llevar el evangelio hasta lo "último de la tierra". En la oficina de E.E. en la calle McNab en Fort Lauderdale, Florida se percibía la presencia del Señor; uno podía palpar el compromiso de cada miembro del ministerio con el mandato del Señor. Fue en este medioambiente que nació el ministerio de E.E. América Latina, equipando las iglesias para entrenar y capacitar a sus miembros para compartir el evangelio de nuestro Señor en lugares como la isla comunista de Cuba, o en España con un catolicismo sumamente fuerte y aun en lugares hedonistas como Cancún, México. Estos lugares se convirtieron en centros del desarrollo de E.E. en el continente de América Latina.

Cuando escribimos sobre la realidad de un "sueño", de la expansión continental en España y Portugal, de una herramienta para preparar y entrenar a individuos para compartir el evangelio de Nuestro Señor Jesucristo, no puede ser comunicada correctamente sin la participación del que sueña, quien lleva la visión a una realidad.

Aunque todo elogio y toda la gloria va para Jesucristo, quien ama a todas las personas, no únicamente en América Latina, pero en todo el mundo, seríamos negligentes si en la historia de E.E. América Latina no incluiríamos al Dr. Cecilio N. Lajara. La visión fue marcada en el corazón del soñador "Woody" quien dirigió la expansión de E.E. en todos los rincones del mundo donde se habla español y portugués.

En 1980, mientras asistía a una clínica de E.E. en la Iglesia Presbiteriana de Coral Ridge en Fort Lauderdale, Florida, pregunté a los profesores si E.E. tenía planes para comenzar E.E. en América Latina. Me dijeron que sí, pero que era necesario conseguir a la persona que dirigiera este trabajo en América Latina. Recuerdo haberles dicho en aquel momento: "Si ustedes consiguen a esa persona, por favor déjenle saber que yo haré todo lo que pueda para ayudarle."

Unos pocos meses después de mi regreso a California, recibí una llamada telefónica de parte de una persona a quien yo no conocía. La persona se identificó como Woody Lajara, quien deseaba visitarme en California. Me dijo que recientemente había sido nombrado Vicepresidente de E.E. para América Latina. El quería venir a Fresno y discutir conmigo sus planes para el desarrollo de E.E. en América Latina, España y Portugal.

Estando Woody en mi casa fue cuando yo pude observar que era más que un ejecutivo con E.E. Era una persona con pasión, que amaba al Señor y poseía una verdadera visión del desarrollo de E.E. en América Latina, la cual compartía fielmente con personas interesadas. En una ocasión, mientras yo caminaba en el pasillo de la casa y pasaba frente a la puerta del cuarto donde estaba Woody, vi que la puerta estaba cerrada. Me detuve brevemente y escuché a Woody hablar. Me di cuenta que él estaba orando y hablando con el Señor. El tono de su voz me dejó ver claramente que oraba por los líderes en América Latina con quien él se había de comunicar. El lloraba mientras mencionaba nombres de líderes en el continente, España y Portugal. Para entonces entendí que este hermano que representaba a E.E. era más que un mero empleado. Era una persona que compartía y conocía muy bien la visión y el propósito por el cual Evangelismo Explosivo fue establecido por su fundador el Dr. D. J. Kennedy.

La primera clínica de E.E. en español se llevó a cabo en Puerto Rico. Luego comenzaron a llevarse a cabo clínicas en el contiente.

Woody se enfrentó con varias dificultades cuando comenzaba el ministerio en algunos países. Por ejemplo, al comenzar la primera clínica en Ecuador, una iglesia en Quito se había ofrecido de voluntaria para llevar a cabo la primera clínica. Como sucedía en todas la clínicas, se enviaban los materiales con meses de anticipación para la preparación de la iglesia local que servía como "base de clínica". El día antes de comenzar la clínica se lleva a cabo una reunión con el "Comité de Clínica" para hacer todos los preparativos para el comienzo. Cuando Woody solicita que se traiga el MANUAL DE CLÍNICA, el Director dice: "¿Qué Manual?" Woody se da cuenta que el comité no había hecho el trabajo correspondiente. Entonces Woody tuvo que postponer la clínica por un día en lo que se hacía toda la preparación. Fue una ardua labor, repasar el Manual de Clínica en un dia, cuando se supone que el Comité de Clínica lo estudiara meses antes. Pero Dios trajo bendición a pesar de todo.

Cuando Woody llegó a Nicaragua (estando el país bajo el régimen de los sandinistas) para introducir el ministerio, un agente de inmigración en el aeropuerto lo puso bajo "arresto domiciliario" en el hotel donde el hermano Lajara se iba a hospedar. El oficial le asignó un guardia para impedir que el Dr. Lajara visitara a algún pastor. Se llegó la oportunidad en que Woody le hizo la presentación del evangelio al guardia, quien aceptó el regalo de la Vida Eterna. Luego el policía le pidió la lista de los pastores a quienes llamó uno por uno pidiéndoles que llegaran al hotel para una entrevista. Cuando en un país comunista se llama a una persona y se le solicita que llegue a una entrevista es algo que se cumple al "pie-de-la-letra". De esta forma el Dr. Lajara habló con los pastores presentándoles el ministerio de E.E. Luego el ministerio de E.E. fue comenzado en muchas iglesias en Nicaragua.

En España, como en muchos otros países, los pastores habían desarrollado una actitud negativa hacia E.E. lo cual impedía el poder introducir E.E. entre ellos. Pero Dios había puesto en el corazón de Woody una idea que funcionó maravillosamente entre los pastores y líderes en España. Después de haber presentado una conferencia teológica sobre como cumplir con la Gran Comisión, Woody invitó a varios líderes para salir a hacer la presentación del evangelio. Algunos pastores aceptaron y fueron a la práctica. Con un gran entusiasmo, ellos vieron como varias personas aceptaron el "regalo de la vida eterna". Vieron como E.E. funcionaba en su país. Luego su interés creció en forma tal que se pudieron llevar a cabo varias clínicas, y muchas iglesias aun continúan usando E.E. para cumplir con la Gran Comisión.

La historia del desarrollo del ministerio hispano de Evangelismo Explosivo en los Estados Unidos, América Latina, España y Portugal continúa remachando y creciendo. Pero en vez de solo leer de lo que Dios ha hecho por medio de Woody y su Equipo de Trabajo, sería mucho mejor para cada uno de ustedes el involucrarse en el ministerio de la Gran Comisión por medio de E.E. y dejar al mundo ver que Cristo vive y existe porque vive y existe en nosotros.

Pastor Ray Castro
People's Church en Fresno, California

A MANERA DE INTRODUCCIÓN

"Pero este es el pacto que haré con la casa de Israel después de aquellos días..." dice Jehová. "Daré mi ley e n su mente, y la escribiré en su corazón; y yo seré a ellos por Dios, y ellos me serán por pueblo." (Jeremías 31:33).

Evangelismo Explosivo International es un ministerio que comenzó en el 1960 bajo la dirección y el liderazgo del Dr. D. James Kennedy, pastor titular en la Iglesia Presbiteriana Coral Ridge en Fort Lauderdale, Florida.

Un domingo en la noche el Dr. Kennedy, ante un grupo fiel como de 15 personas reunidas en uno de los salones de una de las escuelas en Fort Lauderdale, Florida, leyó del Antiguo Testamento las promesas de Dios para el profeta: "Clama a mí, y yo te responderé, y **te enseñaré cosas grandes** y ocultas que tú no conoces" (Jeremías 33:3). Luego el Dr. Kennedy cerró la Biblia y mirando al grupo de fieles que allí se encontraban les dijo: "¿Saben ustedes? ¡Creo que nosotros podemos cambiar al mundo!"

En el 2004, un reportero incrédulo (en forma de sarcasmo) dijo al Dr. Kennedy, "tal parece que usted busca cristianizar a América". El Dr. Kennedy respondió con una sonrisa: "No señor, no busco cambiar a América, busco cambiar al mundo."

La visión del ministerio de Evangelismo Explosivo manifiesta la visión de poder cambiar al mundo. La visión se manifiesta de esta forma: "Toda nación, equipando a todos los grupos étnicos, de todas las edades, para testificar a toda persona."

Nuestra meta es ver a todas las personas en la tierra enfrentándose a la oportunidad de recibir las Buenas Nuevas del Evangelio de nuestro Señor Jesucristo. También creemos que la Iglesia es el vehículo que Dios ha de usar para que esto suceda. Por lo tanto, nuestra visión es ser partícipes, activos, para cambiar al mundo siendo promotor de la Iglesia de Cristo, buscando que se convierta en una iglesia multiplicadora para ayudar a otros a hacer lo mismo.

Desde su comienzo, el ministerio ha crecido literalmente para cubrir al mundo, viniendo a ser el primer ministerio activo en todas las partes del mundo. Para el 1996 ya había llegado a todas la naciones del mundo, convirtiéndose en ser el primer ministerio que ha alcanzado a todo el mundo estando activo en todas las naciones del mundo. Durante nuestros 55 años de historia, para la gloria de Dios, hemos entrenados millones de cristianos para ser testigos de Cristo en todo el mundo.

El ministerio de E.E. en América Latina comenzó oficialmente en el 1980 cuando el Dr. Cecilio (Woody) Lajara vino a ser el Vicepresidente para América Latina. Su primera tarea fue terminar la traducción que un misionero de Impacto había comenzado, pero prácticamente el Dr. Lajara tuvo que comenzar desde el principio juntamente con un grupo de hermanos que se interesaron en la tarea.

Para el año 1983 E.E. había sido plantado en todos los países del continente. La respuesta inicial hacia E.E. de parte de los pastores y líderes del continente fue muy positiva. Aun varias denominaciones evangélicas decidieron tomar E.E. como la herramienta para entrenar a sus respectivos líderes en la evangelización.

Por qué Evangelismo Explosivo ha podido desarrollarse bien en el continente? Naturalmente hay varias razones, pero ciertamente el liderato ha sido un factor muy fuerte y de marcado éxito, comenzando con el primer Vicepresidente, Dr. Cecilio (Woody) Lajara. Como él frecuentemente decía: *"Mi sangre es E.E. Positivo"*.

Woody ayudó a entrenar y capacitar al segundo Vicepresidente de E.E. para América Latina, Will Rodríguez. Will también comparte la pasión de Woody para la evangelización y se goza cuando personas aceptan el regalo de la vida eterna. A través de éstos y muchos otros líderes en el continente el ministerio continúa su desarrollo para la gloria de Dios. Como es nuestra visión para otras partes del mundo, deseamos ver a muchas personas a través de América Latina venir a los pies del Señor. ¡GLORIA A DIOS!

Dr. John B. Sorensen
president@eeworks.org
Presidente de Evangelismo Explosivo Internacional

EQUIPO DE TRABAJO DE E.E. HISPANO

Este libro tiene un sencillo propósito: dejar ver lo que se hizo durante el desarrollo del ministerio de Evangelismo Explosivo en el continente de América Latina, Estados Unidos Hispano y la Península Ibérica. Lo que motivó la producción de este libro ha sido la solicitud de varios hermanos en querer tener en sus manos la historia de este ministerio impactante.

Han participado en este libro varios miembros del Equipo de Trabajo de Evangelismo Explosivo América Latina y otros líderes involucrados desde el principio del ministerio. Algunos de ellos han escrito su parte de la historia del ministerio al cual Dios nos llamó para servirle en nuestro continente y la Península Ibérica. A estos líderes les estoy muy agradecido por la labor realizada para lograr nuestro propósito. Muchas gracias.

Estas personas son:

Dr. Pablo Méndez Nieto y su esposa Argelia	Columbia
Rev. Roberto Searing	Columbia
Dr. Juan Calcagni	Argentina
Dr. Guillermo DiGiovanna	El Cono Sur
Rev. David Gómez	Director Etnias
Ing. Nahúm Vega y su esposa Cristina	México
Rev. Valentin Vale	Venezuela
Dr. Ernesto Humeniuk	Argentina
Pastor Juan Diego Vallejos	Peninsula Ibérica
Rev. Ray Castro	USA Hispano
Miss Minette Malaret	Asistente Administrativo

Otros miembros del Equipo de Trabajo de E.E. America Latina han sido:

Dr. Osvaldo Casati (ya con el Señor)	Director Cono Sur
Rev. Edwin Gant	Primer Director USA Hispano
Sr. Libardo Barrios	Segundo Director Columbia
Rev. Guillermo Hernández	Primer Dir. Centro América
Rev. Rolando Alvarez	Segundo Dir. Centro América

Reseña Biográfica del Dr. D. James Kennedy (1930-2007)

Primeramente deseo presentarles al hermano James (Jim) Kennedy y cómo Dios le usó para comenzar el ministerio de Evangelismo Explosivo.

James Kennedy creció en Chicago en su niñez y en Tampa, Florida en su juventud, donde asistió a la Universidad de Tampa, Florida con una beca de música. Para aquel entonces, las bandas de música eran muy conocidas y muchas personas aprendieron a bailar en los estudios "Arthur Murray" donde Jim Kennedy era uno de los mejores instructores de baile. Llegó a dominar todos los pasos de baile y se convirtió en un reconocido competidor nacional de baile e instructor en los estudios de "Arthur Murray".

Una noche una joven, Anne Lewis, entró al estudio en Tampa para recibir lecciones del joven instructor. Jim Kennedy, para entonces de 22 años de edad, le dijo a un amigo al verla entrar, "esa es la joven con quien me voy a casar". Durante sus primeras conversaciones, Anne, que era cristiana, confrontó al joven Kennedy en lo que él creía y fundamentaba su modo de vivir. Aunque él creía en Dios y asumía que era cristiano, la pregunta de Anne lo puso a pensar. Para aquel momento Jim aun no había aceptado a Cristo Jesús como su Salvador.

Un domingo en la tarde, después de haber despertado con un fuerte dolor de cabeza, por haber tomado bastante el día anterior, Jim se puso a escuchar un programa radial auspiciado por el Dr. Donald Gray Barnhouse, pastor en la Décima Iglesia Presbiteriana de Filadelfia. El Dr. Barnhouse hizo la siguiente pregunta: *Imagínese que usted muriera hoy, y se presentara delante de Dios, quien le preguntara: '¿Por qué te debo dejar entrar a mi reino?' ¿Qué le dirías?"*

El joven Kennedy escuchó la explicación de Barnhouse sobre salvación y redención. Sentado al borde de su cama y prestando mucha atención, escuchó al Dr. Barnhouse. Pensó: "yo nunca pensé en cosas como éstas. He buscado respuestas, pero nunca sucedía nada". Pensando que no tenía el derecho de "entrar al cielo" dio su vida a Cristo, aceptándole como Salvador.

Su vida cambió en el momento, como si fuera un milagro. El cambio fue de 180 grados, decía el Dr. Kennedy, que tenía amigos que no sabían qué le había sucedido. En un momento había un joven dirigiendo un centro de baile "Arthur Murray" con mucho interés en asuntos propios de este mundo y de pronto hay un cambio en su vida. Nació una nueva criatura y murió la vieja criatura. Decía James Kennedy que se había convertido en una "nueva criatura".

Al poco tiempo de este cambio, fue a visitar a la joven Anne con el anillo de compromiso en mano y le dijo: "He dejado mi trabajo en el Estudio Arthur Murray, lo cual quiere decir que estoy sin un centavo. Pero voy para el ministerio y conozco que siempre decías que deseabas ser la esposa de un pastor, ¿quieres casarte conmigo?" Naturalmente que Anne estaba sorprendida, pero dijo que sí.

James Kennedy fue a estudiar al "Columbia Theological Seminary" en Decatur, Georgia, recibiendo su Maestría en Divinidad. Era el mismo seminario donde yo tuve la bendición de estudiar varios años más tarde.

Después de graduarse del Seminario se fueron a la ciudad de Fort Lauderdale, en Florida para comenzar la Iglesia Presbiteriana "Coral Ridge". La asistencia en el primer culto fue de unas 45 personas. Después de diez meses de arduo trabajo, la asistencia bajó a 17 participantes. El Dr. Kennedy y su esposa estaban frustrados.

Luego el Dr. Kennedy fue a la ciudad de Atlanta para conducir una campaña de evangelismo con su amigo el Dr. Kennedy Smartt a quien observó bien en su trabajo. Los dos salían durante el día a visitar mucha gente en su casa. Entonces entendió y reconoció que lo que necesitaba para la evangelización era ganar a una persona a la vez "de uno en uno".

A su regreso a Fort Lauderdale repasa lo que aprendió en Atlanta con el Rev. Kennedy Smartt y formula el método de Evangelismo Explosivo. Luego comenzó a enseñar a los líderes en su congregación a ganar personas de "uno en uno". En un mes su iglesia creció de 17 a 66 personas; luego creció a 122 el siguiente año. Cuando llegaron a los 200 miembros se dieron a la tarea de organizar la "Iglesia Coral Ridge", la cual se convirtió en la iglesia de más crecimiento en el Sur de Florida. Para el año 1974 tenían una iglesia de 3,000 miembros.

Pastores y líderes de todos los lugares querían conocer cómo ha surgido este crecimiento. Entonces el Dr. Kennedy comenzó el ministerio de conducir "clínicas" para entrenar líderes de todos los lugares. La primera de estas clínicas tuvo lugar en el mes de febrero de 1967. En esta primera clínica hubo una asistencia de 36 pastores y líderes. Desde entonces se han entrenado cientos de miles de pastores y líderes en todo el mundo en las clínicas de Evangelismo Explosivo Internacional.

EL DR. KENNEDY ME INVITÓ EN 1972 A PARTICIPAR CON ÉL

Cuando participaba como representante en una de las primeras Asambleas Generales de nuestra denominación, Iglesia Presbiteriana en América (P.C.A.), me encontré con el Dr. D. James Kennedy y me dijo que deseaba platicar conmigo. Nos pusimos de acuerdo en el día y la hora, y allí tuvimos la primera reunión donde conocí los primeros detalles del ministerio de **Evangelismo Explosivo**; fue mi primera relación con el ministerio de Evangelismo Explosivo. Esto fue en el año 1972 en la ciudad de Birmingham, Alabama.

El Dr. Kennedy, en forma muy amable, me explicó de las proyecciones de Evangelismo Explosivo Internacional, haciéndome una invitación para participar en la siguiente clínica de E.E. en la Iglesia de Coral Ridge durante el mes de agosto de 1972. Allí recibí las primeras instrucciones de E.E. bajo las enseñanzas del Dr. Kennedy y el Dr. Archie Parrish, quien para entonces era al Director Internacional de E. E.

La experiencia fue muy buena y pude usar lo aprendido durante mi primer periodo de trabajo misionero en México, como Profesor de Teología en el Seminario Presbiteriano en la ciudad de México. En mis tiempos libres ayudaba a pastores en varias iglesias y allí pude implementar lo aprendido con el Dr. Kennedy y el Dr. Parrish.

Luego, para el año 1976, nuestra Junta Misionera de la P.C.A., M.T.W. acordó enviarnos a Guatemala, donde Dios me dio la oportunidad de establecer la ESCUELA DE TEOLOGÍA en la Universidad Mariano Gálvez.

En 1979, cuando hacía trabajo misionero en los E.E.UU., levantando fondos para nuestro sostenimiento misionero, el Dr.

Kennedy y el Dr. Archie Parrish me extendieron la invitación para traducir los materiales de E. E. y comenzar el ministerio de E. E. en América Latina. Fue un reto muy interesante, pues el ministerio de E. E. estaba prácticamente en sus comienzos.

Conocí a un misionero que trabajaba con el Ministerio Impacto de Bruce Del Monte, al hermano Estrie Britton y quien ya había comenzado la traducción del libro de texto de Evangelismo Explosivo pero no hizo mucho avance. Yo tomé la responsabilidad de la traducción y la dirección del ministerio.

Hubo un acuerdo de nuestra Junta de Misiones, M.T.W. con Evangelismo Explosivo para que yo comenzara mi siguiente labor misionera de tiempo completo, con Evangelismo Explosivo Internacional. Mi familia y yo nos mudamos a Fort Lauderdale, Florida y comenzamos a trabajar con E. E. en agosto de 1980. Vine a ser parte del Equipo Internacional de trabajo de Evangelismo Explosivo bajo la dirección del Dr. Archie Parrish. Mis responsabilidades tenían que ver con la Vicepresidencia de Evangelismo Explosivo para América Latina, además de compartir otras responsabilidades del equipo del Dr. James Kennedy.

Siempre escuché al Dr. Kennedy decir que la evangelización era la tarea de los laicos y el ministerio de E.E. fue propiamente creado para entrenar a los laicos para hacer la tarea de la evangelización.

El Dr. Billy Graham, refiriéndose al Dr. Kennedy, lo expresa de esta forma: "Nadie ha visto esto con más claridad, ni lo ha utilizado con mayor éxito que el Dr. James Kennedy, pastor presbiteriano, quien en nueve años ha visto su congregación crecer de una simple misión casi sin miembros a una iglesia de dos mil miembros." En palabras del Dr. Graham, "el Dr. Kennedy ha vuelto a captar el concepto bíblico de que la primordial tarea de la iglesia es que cada miembro evangelice."[1]

Por otro lado el Dr. Kennedy escribe: "A mediados del 1969, en la **Consulta Mundial de Evangelismo** celebrada en Suiza, se hizo énfasis en que la década de los 60 había sido caracterizada por el surgimiento del trabajo de los laicos en la iglesia, por el interés en la evangelización entre ellos. Alrededor de 1960 un número de diferentes

---

[1] Billy Graham, *El Mundo en Llamas*, (Buenos Aires, editorial Sopena, Argentina, 1967), p. 15

grupos y movimientos en varias partes del mundo surgió con la misma visión: la movilización y entrenamiento de un vasto ejército de laicos para hacer la tarea del ministerio."[2]

Para fines de la década de 1950 y luego en las siguientes décadas, el auge y la notoriedad y crecimiento de la evangelización en el continente de América Latina fue muy marcada. Hay que considerar y señalar los comienzos de las asociaciones y grupos evangelísticos que nacieron al calor de la llamarada por la evangelización, produciendo a su vez un marcado interés y crecimiento total en la gran comisión.

---

[2] D. James Kennedy, Evangelism Explosion (Wheaton, Tyndale House Publishers, 1970) p,1

EL CONTEXTO HISTÓRICO DE ESOS AÑOS

Veamos a vuelo de pájaro el contexto histórico que sirvió de cuna para el comienzo del ministerio de Evangelismo Explosivo en nuestra América Latina (o como suelo llamarla, "América Morena").

Recuerdo que para la época en que comenzamos el ministerio de Evangelismo Explosivo en América Latina, generalmente nos encontrábamos viviendo momentos de gran interés sobre el cumplimiento de la Gran Comisión. Fueron momentos en que hubo un gran auge por las **"campañas" evangelísticas**. Evangelistas como Luis Palau, los hermanos Mottesi, el equipo de Billy Graham, Fernando Vangioni de Argentina, Daniel Altares y Samuel Libert, también de Argentina, y otros, estaban muy ocupados conduciendo grandes campañas de evangelismo en varios lugares de nuestra tierra de América Latina.

Es loable mencionar que en la "Isla del Encanto", Puerto Rico, existía un gran avance evangelístico con el hermano Rev. Yiye Avila. Generalmente sus campañas en todo el continente latinoamericano se llevaban a cabo con las iglesias pentecostales o de avivamiento pentecostal. Recuerdo que estando yo viviendo en Guatemala tuve la oportunidad de asistir a una de las campañas evangelísticas de Yiye Avila programada por las iglesias pentecostales.

En 1946, el Dr. Billy Graham, iniciando su ministerio evangelístico bajo la dirección de *"JUVENTUD PARA CRISTO"* comenzó la formación de un equipo de trabajo compuesto por él, Cliff Barrows y George Beverly Shea. Comenzaron a llevar a cabo "campañas evangelísticas" de una semana, algunas de dos y tres semanas en varias ciudades en los Estados Unidos. Vemos que la cruzada evangelística en la ciudad de Los Ángeles, California fue una gran experiencia para el Dr. Graham. Al final de la tercera semana la asistencia total había pasado de las 100,000 personas con más de 1,500 decisiones. La **Asociación Evangelística Billy Graham** fue organizada en el 1951. Ellos han tenido la bendición de conducir campañas evangelísticas en todos los continentes del mundo. Ha sido de mucha bendición para el avance evangelístico.

Una de las organizaciones que ha ayudado mucho a la labor evangelística en nuestra bella "América Morena" ha sido lo que hemos conocido como *"EVANGELISMO A FONDO"* (EVAF). Dios bendijo este esfuerzo evangelistico como una contribución de medios de evangelización de nuestra América Latina para el mundo, pues *E.V.A.F.* llegó a alcanzar movimientos mundiales.

El autor de EVAF, Kenneth Strachan, soñó en el plan para involucrar y utilizar todas las fuerzas evangélicas de un país. Su ambiciosa meta fue la de movilizar una nación para cumplir con la tarea evangelizadora. Evangelismo a Fondo fue regado por todo el continente cubriendo varios países de América Latina.

Su énfasis primordial se conoció como *"Teorema Strachan: el crecimiento de cualquier movimiento está en proporción directa al éxito que ese movimiento tiene en movilizar a todos sus miembros en la propagación constante de sus creencias…"* Dios ha usado a Evangelismo a Fondo en forma tal que se ha convertido en un movimiento mundial y damos Gloria a Dios por el desarrollo de este ministerio.

Otro movimiento que surge más o menos para esta época fue creado por nuestro Señor a través del hermano Bill Bright conocido como **"CRUZADA ESTU-DIANTIL UNIVERSITARIA PARA CRISTO"**.

Nació en la Universidad de California principalmente como un movimiento para evangelizar estudiantes en la Universidad. El Dr. Bright y su esposa comenzaron este ministerio en una casa rentada cerca de la Universidad y allí se dieron a la tarea de la evangelización en el 1951. En el primer año tuvieron más de 250 estudiantes que aceptaron a Cristo. Allí, en sus principios limitados, comenzó la Cruzada que luego se ha extendido por todo el mundo con resultados muy importantes con más de 1,500 obreros en cientos de universidades en los Estados Unidos y en 40 países.

Por otro lado debemos mencionar el equipo del evangelista Luis Palau, quien ha tenido considerable éxito en sus campañas con el uso de la televisión para la evangelización.

El avance evangelístico se ha hecho patente en la celebración de algunos congresos nacionales e internacionales de evangelismo. He tenido la bendición de participar en algunos de ellos.

En el 1966 se llevó a cabo el primero de estos congresos en Berlín donde llegaron más de 500 delegados, observadores y periodistas de 104 países del mundo; allí estuvimos 133 líderes eclesiásticos de nuestra América Morena. Esta fue la primera vez que en tiempos modernos hubo una reunión de esta magnitud donde participaron líderes de diversas posiciones teológicas de distintas partes del mundo. Aun recuerdo las palabras de uno de los líderes y expositores, Dr. Harold J. Ockenga declarando: "El evangelismo descansa en cuatro convicciones: los hombres están perdidos; Dios los ama; el salto de la fe en la confesión y el arrepentimiento; y la vida de obediencia"[3]

Recuerdo que uno de los énfasis que se hizo durante el Congreso fue sobre la presencia del Espíritu Santo en la vida del creyente, sumamente importante para la evangelización. Mi buen amigo y compañero de milicia, Dr. Fernando Vangioni, decía: "Que nuestras vidas estén totalmente rendidas al Espíritu Santo, que demuestren lo que predicamos. Entonces el Espíritu Santo acompañará la Palabra con su poder….sólo entonces el mundo escuchará lo que necesita: la voz de Dios y no del hombre…"

No podemos dejar a un lado el Congreso Estadounidense de Evangelismo. Hubo un carácter interdenominacional, lo cual contribuyó grandemente al gran crecimiento de evangelismo que comenzara después de este Congreso. El Congreso fue originado en los albores de la Iglesia Luterana en América. Fue un congreso marcado por los parámetros de la Asociación Evangelística de Billy Graham. Allí habíamos alrededor de cinco mil delegados de todos los Estados Unidos y otros líderes de otras partes del mundo evangélico.

Uno de los puntos que para mí marcó el congreso fueron la palabras del exponente Dr. Leighton Ford que dijo al terminar su ponencia: "Si nuestras vidas y nuestras Iglesias han dejado de satisfacer las expectaciones revolucionarias de Dios, ¿a qué se ha debido? No es acaso que no hemos permitido que nos controle el Espíritu Santo, el agente director de la estrategia de Dios".[4]

---

[3] Harold J. Okenga, ponencia presentada en el Congreso Mundial de Evangelización, Berlín, Octubre, 1966.

[4] Leighton Ford, "Evangelismo en un día de revolución", ponencia presentada en el Congreso Estadounidense de Evangelismo, Sep. 1969.)

Durante esta época se llevaron a cabo otros congresos regionales sobre la evangelización. Lamentablemente no era posible asistir a todos ellos, aunque me hubiese gustado estar presente. Uno que no pude dejar a un lado fue CLADE (Congreso Latinoamericano de Evangelismo) celebrado en Bogotá, Colombia del 21 al 30 de noviembre de 1969. Allí estuvimos alrededor de mil delegados y visitantes, representando a casi todas las denominaciones y grupos evangélicos de América Latina como también líderes hispanoparlantes de los Estados Unidos.

Nos dimos cita allí en Colombia para estudiar y repasar nuestro ministerio bajo el tema: "Acción en Cristo para un Continente en Crisis". El congreso fue organizado bajo el liderato de la Asociación Billy Graham y la Misión Latinoamericana en San José, Costa Rica. Un amigo puertorriqueño, quien me hizo una invitación especial, fue el Dr. Carlos Lastra, quien fue el Vicepresidente del congreso. Generalmente se enfatizó la supremacía del Espíritu Santo en la acción evangelizadora y la unidad fue muy marcada entre grupos de diversos pensamientos teológicos. Este evento fue, sin lugar a dudas, un congreso histórico y decisivo en el desarrollo del movimiento en nuestros países y, naturalmente, contribuyó grandemente a la disponibilidad de las Iglesias en nuestro continente, el abrir sus puertas para un programa de entrenamiento como el de Evangelismo Explosivo.

He intentado documentar un poco de la época en que comenzamos y desarrollamos Evangelismo Explosivo. Vivíamos momentos en que se buscaba una "explosión de evangelismo" en casi todas las iglesias y denominaciones en el continente. Para aquellos momentos casi nos olvidamos de nuestras diferencias teológicas y nos dábamos la mano para hacer trabajos juntos.

Recuerdo que el encuentro en Berlín, donde creo comenzó el movimiento, allí lo vimos con nuestros propios ojos. Luego este énfasis se manifestó en Minneapolis y en **C.L.A.D.E. en Colombia**. No es que hayamos dejado a un lado nuestras convicciones teológicas, las cuales definen nuestro pensar y nuestro caminar con Cristo, pero sí que hayamos permitido la manifestación del Espíritu Santo en nosotros, quien nos unió como el verdadero Cuerpo de Cristo.

Esta unidad fue muy significativa si recordamos que antes era muy difícil que los hermanos de tradición "Reformada" se juntaran con los hermanos "Pentecostales" para hacer trabajos juntos. Pero para aquella época del nacimiento de Evangelismo Explosivo, había un consenso de unidad.

Recuerdo en Puerto Rico, en la primera clínica en la Primera Iglesia Bautista de Río Piedras, un par de hermanos Pentecostales, mientras se lavaban las manos en el baño comentaban, "Oye, este Dr. Lajara ¿es Pentecostal?" El otro le contestaba: "no sé, creo que es Presbiteriano…pero tiene que ser un Presbiteriano avivado".

Siempre mis enseñanzas y en el desarrollo del ministerio manifestábamos a Cristo como el Señor y Salvador de todos. Nuestro énfasis siempre fue honrar a Cristo, cumplir Su mandato de la Gran Comisión, presentar a un Cristo que murió por todos, por Su Iglesia la cual ha llamado y escogido para continuar laborando en el ministerio que El comenzó en el establecimiento de Su Reino. Sí, nuestro énfasis fue bien marcado en presentar a nuestro Salvador, pero Salvador de todos los pecadores. Esta comisión la entregó a toda la iglesia, no únicamente a un grupo de escogidos.

Por lo tanto, todos nosotros, Presbiterianos, Pentecostales, Arminianos, Refor-mados, en fin todos tenemos la responsabilidad del cumplimiento con la Gran Comisión y es sumamente importante que entrenemos a todos los hermanos para realizar esta importante tarea.

Existen algunos líderes que creían haber alcanzado lo que Dios les exigía respecto a la Gran Comisión en aquellos momentos de gran avance evangelístico de los años 60-70. Creyeron que el movimiento de evangelización había alcanzado tanta intensidad y que había tenido tantos buenos resultados, pero muchos se durmieron en la contemplación de sus logros dándole gracias a Dios.

Pero en Evangelismo Explosivo creíamos todo lo contrario. Había que continuar con el equipamiento de los hermanos en las iglesias locales para continuar cumpliendo con la Gran Comisión. Esto es labor continua hasta la Segunda venida del Señor. Fue cierto que para entonces vivimos momentos positivos y de gran bendición, pero en ello solo pudimos ver que la Iglesia experimentó cierto "avivamiento" de visión de su responsabilidad y potencialidad evangelística y que muchos fueron bendecidos por ello.

Decía un viejo amigo, Dr. Emilio Núñez (de Guatemala): "Esto no es nuevo, sino que una vez más hemos tenido la experiencia de que el involucramiento personal, la capacitación, el entrenamiento, y la completa seguridad de la presencia de Cristo en nosotros, nos llevan a la ganancia personal de almas. No son puras actividades adicionales en las congregaciones, sino la médula de la vida entera de las Iglesias."

Damos Gloria a Dios porque nuestro énfasis en nuestro ministerio de Evangelismo Explosivo era de entrenar y capacitar a los hermanos de las Iglesias para cumplir la tarea de la evangelización como nos envió el Señor.

CAPÍTULO 1

NUESTRA TAREA EN LA EVANGELIZACIÓN

Vivimos en tiempos de crisis, pero no es por la naturaleza de la crisis desesperada en que vivimos, que la tarea de la evangelización, que nos ordenó el Señor, es urgente hoy. La urgencia de la evangelización, o la tarea evangelística de la Iglesia, surge del mismo Evangelio, porque es el evangelio y el mandato del mismo Señor. Cristo ama a este mundo, por el cual murió para salvarlo. Él es la Luz del mundo y del cual Él es el Señor. Su luz precede el mandato de las buenas nuevas ante las tinieblas del mundo.

La tarea del cristiano es ser testigo de su luz, que brilla señalando el camino de la salvación. En Cristo hay vida, la cual vino a ser la luz de los hombres, la luz que guía a todos los hombres. La tarea de la evangelización es muy importante en esta y todas las épocas en forma tal que los ciegos puedan ver y seguir a Cristo en el establecimiento del Reino de Dios.

Sin embargo la urgencia de este apuro en que nos encontramos tiene que marcar para los cristianos sus responsabilidades y oportunidades para cumplir con la tarea evangelizadora. Este mundo ha venido a ser, por primera vez en la historia, un mundo completamente interdependiente, en el cual las personas de todas las latitudes debemos resolver nuestros problemas entre nosotros si no queremos perecer sin cumplir con nuestras responsabilidades en la evangelización.

Vivimos en momentos de revolución, donde están surgiendo cambios de mucha importancia en todas las áreas de la vida humana. Nosotros, los cristianos, conocemos que Dios es el Dios de la Historia, por lo tanto los momentos difíciles en nuestra historia no salen fuera de los límites de la protección del Creador. Aun estos momentos están bajo el control de nuestro Señor. Por lo tanto, momentos de crisis vienen a ser grandes oportunidades para testificar y buscar la dirección de nuestro Señor. Continuamos nuestras vidas guiadas por el Espíritu Santo, quien nos dirige a donde se encuentra Cristo y nos ayudará para cumplir con la evangelización. Las tinieblas de este mundo no pueden sobrevenir a la Luz de Cristo que brilla por medio de su pueblo en todo momento.

Actualmente la tarea de la evangelización tiene que ser llevada a cabo en varios lugares y usando nuevas estrategias. La Iglesia de diversos lugares reconoce que nuevos retos requieren nuevas maneras de cumplir con la evangelización, siguiendo nuevas formas apropiadas y entendiendo la simpatía con todos los involucrados en sus aspiraciones y sufrimientos y con fresca determinación para hablarles a las personas sobre la verdad del Evangelio allí donde actualmente se encuentran. Evangelismo Explosivo puede muy bien adaptarse en todas las áreas de la vida o en todos momentos históricos de la humanidad. Recordemos que la intervención del Espíritu Santo está presente en todos los momentos cuando se hace la presentación del evangelio. Este es un factor sumamente importante en el cumplimiento de la Gran Comisión.

La Iglesia conoce que el resultado de su misión depende totalmente de Dios y no de las artimañas y adaptabilidades en esfuerzo de co-existir con otras ideologías científicas, tecnológicas, nacionalistas, políticas, o religiosas. La Iglesia conoce que muy bien puede fielmente testificar de la verdadera Luz sólo en obediencia absoluta a la voz del Dios Viviente. También reconoce que, aunque las estrategias y técnicas de la evangelización pueden cambiar, el Evangelio que ella proclama no cambia, pues es el incambiable Evangelio del amor de Dios para redimir al mundo por medio de Cristo, manifestado a nosotros por medio del Espíritu Santo.

Jesús de Nazaret, el Cristo, es el Señor Universal y el Salvador del mundo. Esto es parte de nuestra común fe y lo confirmamos cada vez que llevamos y celebramos el culto de adoración cada domingo. Lo afirmamos con toda esperanza de que en su Segunda Venida tengamos la bendición de estar con Él. Por lo tanto, continúa siendo el interés del Padre de que todos conozcan a Jesús como el Salvador y se cumpla la redención del mundo.

Decimos estas palabras sobre Cristo, no sobre nosotros. Nosotros no somos el "Salvador del mundo". Somos llamados a testificar de Él como el Salvador y el Señor de todos. No podemos ser sus testigos sin estar completamente bajo su luz y su dirección.

Las buenas nuevas sobre Cristo son relevantes para todos en todas las épocas, por ende, debe ser comunicada en diferentes formas adaptadas a las distintas épocas y culturas. El Espíritu Santo hace esto posible en cada época y para cada cultura. Es interesante que el entrenar a cada individuo para alcanzar a sus compañeros ha sido la forma que mejor se adapta, aun en todas las épocas, para la capacitación de los fieles seguidores de Cristo, en forma personal. Es por esto que Evangelismo Explosivo fue y ha sido tan efectivo para capacitar y entrenar a los hermanos en las Iglesias, en distintas culturas y aun en distintas épocas.

El comunicar el evangelio involucra la disponibilidad y la habilidad de los seguidores de Cristo para identificarse con los pecadores. El hacer una buena identificación con la persona es algo esencial e importante en la comunicación del evangelio. De esta forma el evangelista tiene que dejar ver, o comunicar, que el mensaje que presenta no es su propio mensaje, pero el verdadero y auténtico mensaje salvífico de nuestro Salvador. Es como si un pordiosero le contara a otro pordiosero donde encontrar el pan de vida que satisface su necesidad. Es importante en este tipo de comunicación buscar un lenguaje común donde el que habla pueda comunicarse sin problemas con su oyente. El verdadero mensaje bíblico de salvación puede ser comunicado en palabras y formas propias del siglo en que vivimos. Evangelismo Explosivo ha sido adaptado para el uso apropiado en varias culturas y en varias ocasiones. Así como no podemos esperar que la humanidad pueda entender el vocabulario bíblico, nos es muy necesario moldear nuestras formas expresivas al lenguaje vernácula del diario vivir.

El compartir el evangelio tiene que ser examinado por el propio evangelio. La comunicación conlleva algo más que meramente hablar. Nuestro mensaje debe ser parte de nuestros movimientos del cuerpo, la seguridad con la que hablamos, las formas expresivas y los gestos de veracidad que usamos. La Iglesia, manifestada en las congregaciones locales, puede muy bien obscurecer o aclarar el mensaje salvífico del Señor. Los espectadores forjarán sus propios juicios de acuerdo a lo que ven en estas congregaciones. El culto de adoración, la unidad y la vida común de las congregaciones son factores muy importantes en la evangelización de cada iglesia. Nuestro mensaje no ha sido verdaderamente proclamado hasta que el "oyente" lo pueda vivir en su propia vida. Naturalmente que debemos estar seguros que es a Cristo y no el "cristianismo" lo que estamos proclamando como el verdadero mensaje del Señor. Es el poder de Dios y no el nuestro lo que ha de traer las personas a los pies de Cristo.

En varias partes del mundo se han hecho experimentos usando el diálogo como medio especial en la búsqueda de una buena comunicación. Algunos han sido buenos y con éxito, otros no han logrado lo que se habían propuesto. No pretendo hacer juicio sobre sus valores, pero sí nos regocijamos porque ellos han impartido mucho ánimo y gran ayuda en el proceso de evangelizar. Para nosotros el diálogo en la presentación de Evangelismo Explosivo ha sido muy efectivo en todas las partes del mundo donde lo hemos implementado.

Es imposible hablar de la evangelización y comunicación cristiana sin mencionar la radio, televisión, y la prensa. A primera vista pensamos que tiene poco que ver con el diálogo personal, pero si miramos más cerca nos damos cuenta de que en cada uno de ellos sí hay cierto "diálogo" expresado que involucra al que "escucha", el "lector" y el que "mira la televisión".

Aunque estamos viviendo en momentos revolucionarios, como ya hemos dicho, tenemos la seguridad de que Dios está muy ocupado trabajando en todos los grandes cambios que están tomando parte en nuestra historia. La comunicación cristiana tiene que ser afectada en la órbita de estos cambios. Tiempos de revolución son precisamente tiempos en que, si las oportunidades surgen, el propósito de Dios puede ser proclamado al mundo que será estremecido en sus principios durante los eventos de cualquier día.

El mandato para evangelizar es entregado a todos los miembros de la Iglesia. Es una comisión dada a toda la Iglesia para llevar el evangelio a todas las criaturas en todo el mundo. Cuando la Iglesia entiende que existe para cumplir con esta tarea, surge una pasión y un interés por llevar el evangelio a todos los países y todas las criaturas. Estas bendiciones, por ejemplo el alivio de la pobreza, enfermedades, hambre, y la creación de la verdadera confraternidad, muy bien puede eliminar la soledad y depresión de las masas en nuestra sociedad. La evangelización cristiana se convierte en un privilegio para la humanidad, sostenido por el amor inmenso de nuestro Dios. No somos nosotros los que llevamos a Cristo a los hombres, pero es el mismo Cristo quien nos provee a nosotros como agentes de su propio trabajo para ellos. La tarea evangelizadora de la Iglesia es proveer todo el evangelio al mundo, no meramente a aquellos lugares fáciles de alcanzar, porque la unidad de la Iglesia está ligada, atada, a la unidad del evangelio. No puede ser dividida o compartida en expresiones de estudios científicos y organizaciones sociales. Sus puntos convergentes en el trabajo secular pueden convertirse en grandes posibilidades y oportunidades para el trabajo evangelístico de la Iglesia.

Para ser verdaderamente efectivo, el testimonio laico debe surgir del verdadero entendimiento del Evangelio, en forma tal que pueda ser claramente comunicado y articulado en un lenguaje entendible y que los oyentes reconozcan la importancia del mismo. Sólo los laicos pueden comunicarse con sus compañeros y hablar de los asuntos en que ellos están involucrados. Puede demostrar que el mensaje del evangelio de Jesucristo es altamente relevante a sus necesidades actuales.

En el ministerio de Evangelismo Explosivo hemos visto que los laicos, que reconocen sus propias responsabilidades para cumplir con la evangelización, le dan la bienvenida al entrenamiento abiertamente. Muchos de ellos han estado muy ansiosos por clarificar sus mentes, remover sus perplejidades sobre la Biblia, teología, ética, y otros, y de una manera muy franca y con seguridad poder hablar a otros sobre el Salvador. Los pastores, teniendo el gran deseo de ver crecer sus congregaciones, han sido de gran ayuda proveyendo dirección a estos laicos, aunque algunos lo han hecho en forma egocéntrica por ver crecimiento en sus congregaciones. Naturalmente que otros han buscado cumplir con la Gran Comisión y han tenido un marcado éxito en sus esfuerzos.

Para mencionar a algunos de ellos, permítanme mencionar al hermano y pastor Samuel Olson de la Iglesia Las Acacias en Caracas, Venezuela. Samuel, después de asistir a una clínica de E. E. en Fort Lauderdale, regresó a su congregación con grandes expectativas y la bendición del Señor. Comenzó con mucho entusiasmo contagiando a otros líderes, en especial al pastor de evangelismo de la congregación, el hermano Santiago Montero. Como resultado, hubo un marcado crecimiento de nuevas personas que aceptaron el regalo de la vida eterna. Continuaron el entrenamiento teniendo dos períodos de entrenamiento por año hasta llegar a ser base de clínica. Entonces se organizó la primera clínica de E. E. en Las Acacias con una asistencia de 82 líderes participantes. Recuerdo que tuvieron que cerrar las inscripciones en la fecha marcada, aunque continuaron recibiendo solicitudes de personas que deseaban participar en la clínica. Luego continuaron teniendo clínicas todos los años hasta que surgieron otras bases de clínicas allí en Caracas como en otras ciudades de Venezuela.

Como he mencionado, los pastores pueden ser de gran ayuda en la labor preparatoria para el entrenamiento de Evangelismo Explosivo. Es de suma importancia que el pastor provea un buen ejemplo e interés en el cumplimiento de la Gran Comisión, si él desea capacitar a los laicos de su congregación en el cumplimiento de la Gran Comisión. Los pastores y los laicos deben de aprender a trabajar en equipo, cada uno reconociendo la importancia de la participación del otro, viendo y entendiendo que cada uno tiene la responsabilidad de ejercer los dones que por gracia han sido provistos por Dios, en la expectación de ser usados por ellos para el crecimiento del Cuerpo de Cristo.

Existe la urgente necesidad de recobrar el verdadero significado de ciertas palabras bíblicas: reconocer y entender que los laicos son los verdaderos "Laos", quiero decir, el pueblo de Dios presente en el mundo, incluyendo naturalmente aquellos que han sido ordenados, ejerciendo sus habilidades particulares y sus dones, ayudando a sus hermanos cristianos en el nombre de Cristo. Esto puede crear un compañerismo y una buena relación entre los hermanos en la congregación. Es lo que sucede en aquellas congregaciones que comienzan E. E. con énfasis en el cumplimiento de la Gran Comisión, lo cual lleva a tal congregación a convertirse en lo que llamamos "base de clínicas".

Si esta penetración en el mundo por los laicos de las Iglesias es parte esencial del plan de Dios para sus Iglesias, es muy necesario que examinemos las estructuras convencionales de nuestras Iglesias para poder ver y entender si las Iglesias están siendo piedra de tropiezo o están ayudando para la realización del plan de Dios para la evangelización. No podemos pensar en que las Iglesias son meros edificios góticos o contemporáneos, tampoco podemos pensar en las Iglesias como meras estructuras eclesiásticas dirigidas por teólogos y administradores. Fácilmente podemos pensar en la Iglesias como el grupo que se reúne todos los domingos para un culto de adoración, pero esto no es lo correcto. La Iglesia está compuesta por laicos que se desparraman por la sociedad atendiendo sus propios quehaceres cotidianos, provistos por Dios, pero son laicos que mantienen una viva relación personal con el Señor como el Salvador. Generalmente surge en la mente de los creyentes ciertos escándalos que impiden una reacción positiva a la manifestación del mensaje salvífico de nuestro Señor, marchitando las posibilidades de la manifestación del mensaje salvífico de nuestro Señor e impidiendo las posibilidades de hacer una buena presentación del mensaje salvífico de nuestro Señor.

Es muy importante que la Iglesia de Cristo, siempre en obediencia al Señor, se enfrente a los cambios propios de la sociedad con la seguridad y certeza de ser el elemento clave para proveer la estabilidad necesaria en el mundo en que vivimos.

Esta época revolucionaria enfrenta a la Iglesia y a toda la creación con grandes oportunidades y retos para servir y por ende, dejarles ver que Cristo vive porque vive en nosotros. Pero generalmente muchas veces estamos perplejos por lo que está sucediendo en nuestro ambiente. Los cambios que suceden tan rápidos en el mundo, y la complejidad con las que se nos presentan en cada noticia mundial, en lo social, político, y económico, nos llevan a un nuevo fenómeno social señalando reacciones diferentes en lo social. Miedo, por ejemplo, porque aun las cosas que son nuestras y la deseamos con amor, tal parecen que se destruyen o se pierden. Por lo general existe una actitud de apatía a casi todos los asuntos en nuestro derredor. Como ya mencioné sobre el miedo, también podemos ver una actitud apática de una aceptación positiva que llega en oportunidades negativas, pero que por ser aceptadas por la sociedad en general, luego y paulatinamente se introducen en las vidas de los cristianos terminando en la aceptación de tales cosas.

Pero los cristianos no debemos de tener miedo a los cambios, porque Dios nos ha prometido estar con nosotros en todo momento. El nos iluminará para enfocarnos a estos cambios proveyéndonos la fortaleza necesaria para enfrentarnos a ellos. Podemos ver algunos de estos retos como buenas oportunidades para hacer la presentación del evangelio.

CAPÍTULO 2

CONVERSACIONES CON EL DR. KENNEDY

Expreso mi gratitud al Todopoderoso por haberme dado la oportunidad de conocer personalmente al Dr. Kennedy (o a Jim como cariñosamente le llamábamos) y tener muchas conversaciones mientras yo era Director Internacional de Evangelismo Explosivo. Siempre tuvimos una relación muy amable, cordial, de hermanos colaborando en el cumplimiento de la evangelización. Para él, Cristo era el Señor y lo manifestaba, no únicamente en sus predicaciones, pero en su diario vivir, dejando ver a otros que Cristo vive porque vivía en su propia vida. Muchas veces salíamos para atender asuntos administrativos propios del desarrollo del ministerio, pero terminábamos con conversaciones sobre el Señor y su mandato de cumplir con la Gran Comisión. En muchas ocasiones terminábamos haciendo la presentación del evangelio a alguna persona que Dios ponía a nuestro paso.

Recuerdo una ocasión en que hizo las preguntas de diagnóstico a una persona que atendía la mesa donde nos encontrábamos almorzando. Ella no supo que contestar de inmediato pues conocía quien era el Dr. Kennedy, más bien comenzó a confesarle ciertos problemas. Luego Jim, dirigiendo la conversación le hizo la presentación del evangelio y ella aceptó el regalo de la vida eterna. Experiencias como ésta eran comunes en mis salidas con el Dr. Kennedy. Generalmente íbamos a almorzar a un restaurant no muy lejos de la Iglesia.

Algunas veces nos íbamos para la playa y siempre que salíamos a la playa era para hacer la presentación del evangelio a alguna persona. Siempre Dios nos proveía las famosas "citas divinas". A veces él comenzaba la presentación y luego en medio de la conversación, me pedía que yo terminara la conversación. Por lo general terminábamos con algunos nuevos cristianos. Muchos de ellos llegaban a la iglesia Coral Ridge, pues era una iglesia muy conocida en la ciudad de Fort Lauderdale.

Jim era franco, leal, sincero y consagrado. Hizo los mayores sacrificios en el ejercicio de su misión en el cumplimiento de la Gran Comisión y en su interés por entrenar a otros hermanos para cumplir con el mandato de nuestro Señor Jesús.

Hubo momentos en que, encerrados en su oficina, entrábamos en conversaciones teológicas de mucho valor. Nos preguntábamos si la Iglesia contemplaba al mundo como si estuviera listo para el evangelio, y Jim creía que sí, que la Iglesia ha creído siempre que el mundo está listo para el Evangelio. Naturalmente, yo estoy de acuerdo con él. Creo que el fracaso de ganar el mundo para Cristo generalmente se le atribuye no a la situación en que se encuentra el mundo pero sí al fracaso de la Iglesia de asumir la tarea para la evangelización. Por esto tenemos interés en la expansión del ministerio de Evangelismo Explosivo para llegar a todas las naciones. Y logramos llegar a más de 200 naciones en el mundo.

Esta certidumbre sobre el contemplar al mundo como listo para la evangelización ha sido muy marcada. Ha sido continua, siendo una convicción muy clara y justa para la Iglesia. La iglesia ha estado correcta en tener la seguridad de que siempre el mundo está listo para el evangelio. Creo que esto ha estado bastante claro en el movimiento misionero contemporáneo. Por ejemplo, lo vemos muy claro en la situación con Japón. Por muchos años Japón fue gobernado por fuerzas militares que estaban en contra de los E.E.UU., pero una vez el esfuerzo misionero llegó al Japón después de la Segunda Guerra Mundial, las cosas cambiaron. (Evangelismo Explosivo está muy presente en Japón ahora).

El que los países estén listos para el evangelio no depende únicamente de las cosas externas, pero también de los asuntos internos, del corazón del hombre. Naturalmente, que la disponibilidad del mundo para recibir el mensaje salvífico depende grandemente de la intervención del Espíritu Santo, quien toca el corazón del hombre. Por eso cuando hacemos la presentación del evangelio a extraños, tenemos que hacerla con la seguridad de la presencia del Espíritu Santo en nuestra presentación. El es quien atrae a sí mismo en las famosas citas divinas que veíamos en la playa o en los restaurantes en Fort

Lauderdale, y en otros lugares.

El Dr. Kennedy creía que la disponibilidad del mundo dependía de Dios solamente. En esto estábamos muy de acuerdo. El principio fundamental es que la disponibilidad del mundo para recibir el mensaje salvífico depende únicamente de Dios. Es muy difícil encontrar otra enseñanza bíblica que esta porque Dios es el centro de todo lo relacionado con la evangelización y todo lo que gira en nuestro derredor. Él prepara a las personas. Él es quien dirige la siembra y la cosecha. Los desarrollos de la historia no lo controlan, Él los controla. Por todo esto es que siempre hay oportunidades para la evangelización. Dios es el que controla el universo y es el que dirige la misión de Su Iglesia. Por Su participación continua es que siempre provee oportunidades para la evangelización.

Recuerdo al Dr. Kennedy decir que nuestras necesidades no eran únicamente de alimentación, medicina, y educación. Había otro tipo de necesidad, la más básica de ellas: la necesidad de recibir a Cristo como Salvador. Es por esta necesidad que el hombre está listo. No hay sustituto para esta necesidad y es por eso que todo el mundo está listo para la evangelización. ¿Creemos que el hombre sin Jesucristo está perdido? ¿Creemos que el hombre necesita desesperadamente la salvación que solo se encuentra en Cristo? ¿Creemos que no hay otro nombre bajo el cielo que nos puede salvar? Si creemos esto, entonces debemos también creer que el mundo está listo y tiene que responder en una obediencia misionera.

El Dr. Kennedy mencionaba que para que podamos alcanzar los corazones de las personas a nuestro derredor debemos de estar muy comprometidos con la presentación del mensaje de vida. Y Evangelismo Explosivo sería la contestación para muchos líderes en todos los lugares.

Siempre Jim citaba al Dr. Charles Robinson, profesor de Teología en el Seminario Presbiteriano Columbia donde Jim y yo tuvimos la bendición de recibir nuestros primeros títulos teológicos. Aunque varios años después de Jim, yo hice mis estudios de Teología en este Seminario. El Dr. "Robi", como cariñosamente le llamábamos, fue nuestro Profesor de Teología.

El Dr. Kennedy lo citaba frecuentemente, lo apreciaba mucho. De hecho, uno de los salones del Seminario fundado por el Dr. Kennedy,

Seminario Evangélico "John Knox", lleva el nombre del Dr. Charles Robinson. En una conversación que tuvimos sobre misiones decía el Dr. Kennedy: "Como decía el Dr. Robi: 'El interés por la teología de misiones no estaba directamente en los seminarios y teólogos pero en los círculos misioneros, como en las agencias misioneras.' Por esto era muy importante", decía el Dr. Kennedy, "que en el ministerio de Evangelismo Explosivo incluyéramos a los líderes que dirigían estas juntas de misiones."

La Iglesia presenta el antídoto esencial para el pecado y para la poca unión que existe en el pueblo de Dios lo cual es una de las consecuencias del pecado. El pecado de Adán llevó al hombre a oponerse al Creador. Luego trajo fruto en el asesinato de Abel y creó la desunión que vemos en la Torre de Babel. Sí, el pecado trae desunión, conflicto entre los cristianos y un alejamiento del Creador. Es la Encarnación y Redención del Señor que destruye la separación creada entre el hombre y Dios. Por esto el énfasis marcado por el Dr. Kennedy en el entrenamiento, la capacitación de cada cristiano en cómo hacer la presentación del evangelio era como el "pan" de cada día.

La Iglesia es la "nueva creación" heredera de las promesas hechas por nuestro Señor al pueblo de Israel. Es el cuerpo del cual Cristo es la fuente de unidad, y es la cabeza; es el templo del cual Él es la piedra angular. Por medio de ella es que podemos ver la continua presencia de Cristo entre nosotros. Por lo tanto ha sido llamada para llevar a cabo la misión: "Paz a vosotros. Como me envió el Padre, así también yo os envío" (Juan 20:21). "Por tanto id, y haced discípulos a todas las naciones, bautizándolos en el nombre del Padre, y del Hijo, y del Espíritu Santo, enseñándoles que guarden todas las cosas que os he mandado; y he aquí yo estoy con vosotros todos los días, hasta el fin del mundo." (Mat. 28:19-20). La recepción de parte de los hombres está identificada con Cristo: "El que a vosotros oye, a mí me oye; y el que a vosotros desecha, a mí me desecha, y el que me desecha a mí, desecha al que me envió" (Lucas 10:16).

La iglesia es muy necesaria para la salvación. Existe para permitir que todos los hombres puedan compartir la gracia de la salvación traída a nosotros por la Redención en la expansión del reino de Cristo a través de todo el mundo. Es en sí misma salvación porque conlleva consigo el mensaje salvífico para la humanidad, la continua presencia del Salvador. En las conversaciones que tuve con el Dr. Kennedy confirmábamos el que al hombre se nos haría muy difícil enfrentar a la iglesia en oposición al cumplimiento de la Gran Comisión. El Dr. Kennedy estaba totalmente convencido, como lo estoy yo, de que nuestra tarea evangelizadora depende de la continua presencia de Cristo entre nosotros. Es el Espíritu Santo que da testimonio a nuestro espíritu de que somos hijos de Dios. Él está para ayudarnos y dirigirnos en esta tarea evangelizadora.

Estar cerca de Cristo, confesarlo como nuestro Salvador, siendo efectivo y participando activamente en la Iglesia, es un solo asunto. Podríamos decir, (como decíamos en Lares donde nací), es todo lo mismo.

Era un gozo el estar con el Dr. Kennedy porque él vivía todo este asunto. Recuerdo que en una ocasión, haciendo la presentación del evangelio a una persona que era una "cita divina", al hacer la segunda pregunta de diagnóstico: ("imagínate que tú mueres y te presentas delante de Dios y Él te pregunta: ¿Por qué debo dejarte entrar a mi cielo? ¿Qué le dirías?") El Dr. Kennedy decía estas palabras no como algo intelectual pero con palabras que brotaban de su corazón, lo cual se veía claramente expresado en las miradas a la persona, en su comunicación "no verbal". Sí, el Dr. Kennedy, en los momentos de hacer la presentación del evangelio, permitía que el Espíritu Santo se manifestara claramente en su conversación. Aprendí mucho de este gran maestro por lo cual estoy muy agradecido a Dios.

En cada salida con el Dr. Kennedy, aunque platicábamos de asuntos administrativos del ministerio, para resolver algunos problemas, lo más importante para nosotros era la presentación del evangelio si Dios proveía la oportunidad, de hacer la presentación de Evangelismo Explosivo. Generalmente, después de hacer la presentación del evangelio hacíamos una corta evaluación de la presentación. Siempre yo tenía a mi disposición un cuadernillo con la estilográfica lista para tomar notas, porque, para mí, estos encuentros eran clases especiales para mejorar nuestra presentación del evangelio.

Recuerdo que en una ocasión, precisamente días antes de la celebración de los 25 años del ministerio de Evangelismo Explosivo, la cual celebramos en la Primera Iglesia Bautista de Fort Lauderdale, uno de los visitantes, el hermano Dr. Theo Kunst, de Bélgica le hizo una pregunta: "Dr. Kennedy ¿quien puede presentar a Cristo? (Claro, esta pregunta la hizo con la intención de comenzar un diálogo para beneficio de los participantes.) El Dr. Kennedy sencillamente le dijo:

"Todos podemos hacerlo; cualquier cristiano lleno del Espíritu Santo puede hacerlo. Un creyente se convierte en un testigo cuando comunica su conocimiento de Cristo a otros para que ellos también puedan conocerle. Cada cristiano es llamado a ser testigo y algunos pueden ser ganadores de almas muy efectivos, y otros tendrán otras experiencias. A medida que hacemos la presentación del evangelio, se va creando un ardiente deseo en el cristiano de continuar cumpliendo con la Gran Comisión. Es necesario estar alertos y preparados para hacer la presentación en cualquier momento, donde el Señor provea la oportunidad."

Leemos en la Biblia que el plan de Dios para nosotros es que seamos testigos y ganadores de almas. Cristo dijo claramente que sus seguidores debían ir y hacer discípulos. Dios ha escogido obrar por medio de la Iglesia; nosotros tenemos que tomar la iniciativa en responder a la dirección del Espíritu Santo. No debemos de esperar a que las personas vengan a nosotros y soliciten que les hagamos la presentación del evangelio. Por esto el Dr. Kennedy estaba listo, esperando que Dios le presentara oportunidades "citas divinas" en cualquier momento.

Estuve ocupando el puesto de Director Internacional de Evangelismo Explosivo por dos años y cada día para mí fue una experiencia viva de la presencia de Dios ayudándonos en nuestras responsabilidades, entrenando y capacitando a la Iglesia para el cumplimiento de la Gran Comisión.

Mientras yo asumí las responsabilidades de la Directoría general del ministerio, el Dr. Freddie Estrada Adorno vino a tomar el lugar de la Vicepresidencia de Evangelimo Explosivo para América Latina. Aunque Freddie sólo sirvió por breve tiempo (pues su denominación lo llamó para asumir otras responsabilidades denominacionales) él llegó a realizar un buen trabajo. El Cuerpo Directivo de Evangelismo Explosivo luego me solicitó que continuara en la Vicepresidencia de E.E. para América Latina, trabajo que realicé hasta el momento de mi jubilación que se hizo oficialmene durante la celebración de un Seminario en Fiji en el 2012.

CAPÍTULO 3

EQUIPO DE TRABAJO DE E. E. AMÉRICA LATINA – PANORAMA

Aunque algunos líderes, miembros del Equipo de Evangelismo Explosivo América Latina, van a contribuir con la escritura de la historia de E.E. en sus regiones, quiero tomar la libertad de repasar cada región para ayudar un poco en exponer la historia de E.E. América Latina.

El equipo de trabajo inicial, que Dios trajo para colaborar en el comienzo y desarrollo de E.E. en el continente latinoamericano, estuvo compuesto por Dr. Osvaldo C. Casati, (Bautista) Director para el Cono Sur; Rev. Mark Searing (Alianza Cristiana y Misionera) Director para Ecuador y Perú; Rev. Roberto Searing (Alianza Cristiana y Misionera) Director para Colombia y Venezuela; Rev. David Gómez (Iglesia Centroamericana); Director para el ministerio sobre las Etnias; Rev. Orlando Álvarez, Director para Centro América; Obispo Joel Mora Peña, Director para México. (Luego Ing. Nahúm Vega tomó el lugar del Obispo Mora en México). Hermano Will Rodríguez, Director para el Caribe; Rev. Edwin Gant, Director para el Pueblo Hispano de E.E.UU. (luego esta tarea fue compartida con el Rev. Ray Castro). Sr. Pablo Reus inicialmente fue el Director para la Península Ibérica, luego la dirección de esta Región pasó a las manos del Rev. Juan Diego Vallejos en Barcelona.

Una labor tan inmensa, como la de organizar un ministerio a nivel continental, nunca pudo haber sido función de una sola persona. Siempre estuve en oración ante el Señor solicitando que Él proveyera las personas idóneas, sabias y dedicadas con liderato para poder lanzar el trabajo que Dios había puesto en mis manos, la organización del Ministerio de Evangelismo Explosivo en nuestra América Latina.

En aquellos primeros años del comienzo de nuestro ministerio, recuerdo que recibí una solicitud de información del ministerio hispano de E.E. de parte del Rev. Ray Castro, uno de los pastores en la Iglesia "PEOPLES CHURCH" en Fresno, California. Él tenía mucho interés en conocer sobre nuestros planes, pues se había enterado de mi nueva responsabilidad y participación como nuevo miembro del Equipo de Evangelismo Explosivo Internacional bajo el liderato del Dr. Kennedy y el Dr. Archie Parrish.

El pastor titular de la Iglesia Peoples Church, Dr. Johnson, había participado en una de las primeras clínicas llevadas a cabo en la iglesia de "Coral Ridge Presbyterian" bajo la enseñanza del Dr. Kennedy y el Dr. Archie Parrish. A su regreso a Fresno, comenzaron a enseñar E.E. en su iglesia y fue de mucho interés por el crecimiento marcado de la membresía en la congregación. Fue tanto el éxito que tuvieron que emplear a un pastor para atender el crecimiento que estaba surgiendo por la implementación de E.E. en la iglesia. Este pastor fue el hermano Rev. Ray Castro. El ministerio de E.E. en la iglesia se convirtió en uno de los de más crecimiento en la congregación.

Naturalmente Ray, siendo de tradición mexicana y conociendo el español, se interesó mucho en ayudarnos en el comienzo del ministerio en nuestra bella América Latina. La Iglesia de "Peoples Church" proveyó becas para traer pastores y líderes de América Latina y ser entrenados en sus clínicas.

En el primer grupo de becados tuvimos a 14 pastores y líderes, varios de ellos de México, otros de Puerto Rico, Colombia y los E.E.UU. Hispano. Dos de los participantes fueron un matrimonio de Guadalajara, el hermano Nahúm Vega y su primera esposa Lydia. Ellos fueron los pioneros de este ministerio en México. Comenzaron E.E. en México en su iglesia en Guadalajara donde era pastor el hermano David Arévalo. Años más tarde, Nahúm vino a ser parte de nuestro Equipo de Trabajo para el continente con responsabilidades de Director de E.E. para México.

Luego tuvimos algunas otras clínicas en la Iglesia de Peoples Church en Fresno y el hermano Ray Castro era quien las coordinaba juntamente con un buen equipo de trabajo que tenía a su disposición como parte del personal de la Iglesia en Fresno.

Extendí una invitación al hermano Ray para que se uniera conmigo como "equipo de trabajo" para enseñar en clínicas en el continente. Hablaba un poco de español, pero con la práctica se convirtió en uno de los mejores maestros de clínicas que hemos tenido en el continente. Hablaba de la experiencia de haber comenzado E.E. en la iglesia de "Peoples Church" en Fresno con un muy marcado éxito de trabajo, además, su gran interés y dedicación en el ministerio. Dios convirtió a Ray en mi compañero de batalla por once años. Con él introdujimos el ministerio en casi toda la América Latina, como en España y Portugal.

Dios preparó un equipo de trabajo para el desarrollo del ministerio de E.E. en el Continente de una forma muy especial. Él escogió líderes con pasión por la evangelización del continente. Cada uno de ellos fue marcado por ciertas características propias que encontramos en la descripción de los discípulos escogidos por el Maestro para comenzar Su ministerio en la Tierra Santa. Ellos son autores de este libro que aquí presentamos, han escrito la historia del comienzo y desarrollo de E.E. en sus respectivas áreas de responsabilidades.

Me he limitado a mencionar a los miembros del equipo de trabajo por áreas de responsabilidades, aunque ellos, siendo el Equipo de Trabajo de E. E. América Latina, contribuyeron grandemente en el desarrollo del ministerio fuera de sus áreas de responsabilidades creando estrategia de trabajo, enseñando en las clínicas, ayudando y dirigiendo debidas "transiciones" de los materiales para una propia adaptación cultural. Nos reuníamos varias veces cada año para hacer nuestros planes, los cuales siempre estaban empapados en oración y bajo la dirección del Padre Celestial, nuestro DIRECTOR.

Comencemos por la región del CONO SUR, (Argentina, Paraguay, Chile, Uruguay y Perú). De allí comenzamos con el hermano Dr. Osvaldo César Casati (que ya pasó a morar con el Señor). El Dr. Casati fue usado por Dios en varias tareas de ministerio a quien Dios marcó como un líder especial para las responsabilidades ministeriales a las cuales Él le había llamado.

Conocí a Osvaldo cuando yo estaba trabajando con el ministerio LOGOI en los años 1974-76. Fui parte de la organización de los "Seminarios Pastorales Logoi" y donde Osvaldo también participaba como uno de los líderes claves. Nos vimos por vez primera en Santiago, Chile cuando fuimos a participar en unos seminarios en el área de Temuco. (Allí también conocimos al hermano Pepe Mardónez y el pastor Rodolfo Campos, líderes de la Iglesia Alianza Cristiana y

Misionera en Chile y quienes contribuyeron grandemente en el comienzo de E.E. en Chile).

Dios permitió que conociera bien a Osvaldo, pues Él tenía planes muy especiales para, en un futuro no muy lejano, traer a Osvaldo como parte de nuestro Equipo de Trabajo para Evangelismo Explosivo América Latina. Dios permitió que nos conociéramos casi como Jonatán y David. Osvaldo vino a ser la clave especial para introducir E.E. en Argentina, Paraguay, Uruguay, Perú y Chile con la gran ayuda de un querido y amado hermano, Roberto Jarzack, quien también fue usado por Dios para contactar varios líderes claves en el área. Dios usó a estos dos hermanos con valor y gentileza, y un amor especial por entrenar y capacitar a pastores líderes laicos de la región.

Una de las primeras clínicas de E.E. que celebramos en el Cono Sur tuvo lugar en la Iglesia Bautista de Godoy Cruz donde era pastor el hermano Dr. Ernesto Humeniuk, quien más tarde vino a ser uno de los representantes del continente en el Cuerpo Internacional de Directores de Evangelismo Explosivo, lugar que también fue ocupado por el Dr. Pablo Méndez, de Colombia.

Es notable mencionar que durante la primera clínica de E.E. en Argentina conocí a varios líderes claves y a quienes Dios ya tenía escogidos o predestinados para tomar parte muy activa en el ministerio. La hermana María Ester de Garay fue una persona que ayudó en forma especial al desarrollo de E.E. en la Iglesia Bautista "La Ballena" en Miami, Florida juntamente con el Rev. Jorge Comczañas. Luego contribuyó de una forma especial al desarrollo de E.E. en España y Portugal.

También conocí a quien para entonces era el Presidente de la Convención Bautista de Argentina, el Pastor Dr. Juan Calcagni, quien también era el Presidente de una de las sucursales del Banco Dos Ríos. Juan tenía responsabilidades pastorales en la Iglesia Bautista "Cristo" de Lanús. Dios me dirigió para hacerle una invitación especial al hermano Juan Calcagni para asistir a una clínica de E. E. en Puerto Rico. Luego, siguiendo la dirección del Espíritu Santo, el hermano Ray Castro y este servidor lanzamos un reto a Juan para que dejara el trabajo del Banco y se dedicara de tiempo completo al pastorado. Pues sabíamos que si implementaba E.E. en su Iglesia, tendría que abandonar el trabajo del Banco y dedicarse de tiempo completo al ministerio pastoral. Esto sucedió de esta forma, pues al regreso de haber participado en la clínica en Puerto Rico comenzó a entrenar líderes en su iglesia, la cual tuvo un muy marcado crecimiento y se convirtió en una de las Iglesias Bautistas de más crecimiento en la ciudad. Juan tuvo que renunciar al trabajo del Banco y dedicarse de tiempo completo como pastor de la Iglesia Bautista de Lanús de Cristo.

En su congregación como Pastor, Juan entrenó al hermano Alfonso Cubillas, a quien la congregación había escogido como Director de E.E. Fue tanto el crecimiento de la congregación que tuvieron que comenzar otro lugar de reunión donde se organizó otra congregación de la cual el hermano Alfonso Cubillas vino a ser el Pastor. Ambas congregaciones se convirtieron en bases para clínicas. Aún ambas congregaciones continúan activas en la evangelización.

Osvaldo se dedicó al desarrollo del ministerio en forma tal que varias Iglesias en Argentina comenzaron a usar E.E. con un marcado éxito de crecimiento. Una de ellas fue la iglesia de las Asambleas de Dios del barrio Florida donde era pastor el hermano Juan Crudo. Recuerdo que un domingo, después de yo haber predicado en esta iglesia y hacer una introducción formal del ministerio de Evangelismo Explosivo, el pastor Crudo me invitó a almorzar para luego irnos a un parque cercano y gozar de lo que yo "creía" era un "descanso". Estando en el parque me dice el Pastor Crudo: "Me gustaría ver en la práctica lo que usted nos habló esta mañana. ¿Podría hacerle la presentación del evangelio a alguna persona para que yo vea Evangelismo Explosivo en acción?"

Nos acercamos a un grupo de personas que jugaban a las "bochas" (juego donde se lanzan bolas pesadas, dentro de un círculo y generalmente de hierro, para lograr puntuación y poder ganar). Realmente yo nunca había jugado esto, pero de todas formas tiré las bolas y logré hacer algunos puntos positivos. Luego algunos de los jugadores me preguntaron a qué me dedicaba y naturalmente les dije que era pastor y estaba allí con el hermano Crudo. Luego tuve la gran oportunidad de comenzar un diálogo con algunos de ellos donde pude hacer la presentación del Evangelio y ocho personas aceptaron el regalo de la vida eterna. Recuerdo que al hacerles la pregunta: ¿Han llegado al punto en sus vidas en que tienen la seguridad de que si mueren hoy van al cielo? Hubo en ellos intriga, preocupación, pero con interés, pude hacer la presentación. Luego de aceptar el regalo de la vida eterna, me preguntaron que quién les ayudaría a ellos, a lo que contesté sin vacilar; "Aquí está el pastor Crudo; tengo la seguridad que él les ha de ayudar".

Luego nos acercamos a una pareja que descansaban en un banco. Después de una corta presentación les pregunté si visitaban alguna iglesia y me dijeron que "de vez en cuando iban a una en el barrio". Les pregunté si eran casados, a lo cual me respondieron: "somos ajuntaos", pero con mucho respeto. Luego tuve la oportunidad de hacerles la presentación del evangelio y aceptaron el "regalo de la Vida Eterna." Aquella tarde dijo el pastor Crudo: "Quiero que todos mis líderes sean entrenados en este ministerio de Evangelismo Explosivo." Hizo arreglos para algunos (como 20 líderes) fueran a la próxima clínica en Chile donde Ray Castro y este servidor éramos los maestros de clínica. Otros fueron entrenados en Argentina. Esta iglesia tuvo un marcado crecimiento y usaron E.E. para comenzar otras Iglesias en el país y en otros lugares. Dios nos dio la oportunidad de predicar en algunas de estas Iglesias.

Cuando estuve en Temuco, Chile, después de haber comenzado la clínica y estando dirigiendo los grupos de oración, recibí un fuerte ataque de "apéndice" evitando que pudiera continuar con las clases. Ray Castro, quien estaba como el otro Maestro de Clínica, tuvo que hacerse cargo de las actividades, naturalmente con Osvaldo, Pepe Mardónez y el hermano Jarkzack. Llamaron a un médico que resultó ser un "Obstetra" de una de las clínicas de maternidad, pues no había otros médicos disponibles en aquellos momentos. Él llegó a la puerta del cuarto del hotel donde me hospedaba y viéndome revolcarme por el suelo, sufriendo los dolores del apéndice, dice: "Esto es una apendicitis y tenemos que hacer cirugía de inmediato". Desgraciadamente en aquellos momentos no habían camas en los pocos hospitales disponibles en Temuco. Después de haber llamado a varios lugares, en el único lugar que consiguieron una cama disponible fue en la Clínica de Maternidad Alemana, donde mujeres daban "alumbramiento", o traían al mundo sus hijos. Allí me llevaron con mi médico, el "Obstetra" que me atendía. Allí estuve un par de días.

Mientras estuve entre aquellas pacientes del lugar, oyendo sus gritos de "parto", tuve la oportunidad de hacer la presentación del evangelio a doce de ellas. Todas aceptaron el regalo de la vida eterna. Recuerdo a un joven que venía a visitar a su esposa y mientras se me acercaba de frente, pues yo estaba caminando, haciendo ejercicios ordenados por el

Médico, se estaba riendo. A él le dije: "¡Te ríes porque nunca has visto a un hombre como paciente en este lugar! Bueno, permíteme decirte que ayer tuve una niña….(pues los estudiantes de la Clínica de E.E. me habían visitado con el hermano Ray y me habían traído una muñeca solo para pasar un rato agradable). Luego le pregunté si visitaba una iglesia allí en Temuco. Me dijo que sí, pero solo de vez en cuando. Le hice la presentación de E.E. y aceptó el regalo de la Vida Eterna.

Fue una buena experiencia, la cual Dios presentó en mi vida en aquellos momentos donde varias personas aceptaron el regalo de la Vida Eterna. También fue una gran enseñanza para los hermanos que participaban en la Clínica de Evangelismo Explosivo. Aun el día de hoy algunos de ellos recuerdan aquellos momentos tan positivos.

Osvaldo, con la ayuda de su propio equipo de trabajo para el Cono Sur, con Juan Calcagni, Dr. Ernesto Humeniuk, Roberto Jarkzack y otros lideres, extendieron el trabajo de entrenamiento de E. E. en todo el país de Argentina, y los otros países del Cono Sur, llevando a cabo clínicas para entrenar a líderes que Dios ha usado de una forma muy especial.

Para fines del 1983 celebramos un "CONGRESO DE E.E." en la ciudad de Córdoba, Argentina con la participación de más de 300 personas, quienes ya implementaban el ministerio de E.E. en sus Iglesias locales con un marcado éxito. El hermano Ray Castro fue uno de los exponentes juntamente con Juan Calcagni, Osvaldo, pastores y líderes claves quienes habían experimentado un muy marcado éxito en la implementación del ministerio en el país de Argentina.

Los hermanos Osvaldo C. Casati y Juan Calcagni han sido galardonados con un Doctorado Honorífico en Teología Práctica (Doctorado Honoris Causa) por el Seminario Evangélico Virtual Juan Knox.

Después de la jubilación del hermano Osvaldo el Dr. Guillermo DiGiovanna asumió la responsabilidad para ser el Director Regional para el Cono Sur, función que en cierta forma aún ayuda aunque no es el Director de E.E. Cono Sur, pero continua ayudando a los hermanos que actualmente llevan la responsabilidad del desarrollo del ministerio en la región. Casi todo el trabajo de ayuda de Guillermo ha sido bajo la nueva administración de Evangelismo Explosivo América Latina con el Nuevo Vicepresidente, Will Rodríguez.

Conviene mencionar que el Dr. DiGiovanna ha estado muy involucrado en el comienzo del proyecto del Seminario Evangélico Virtual Juan Knox, comenzado para ayudar a pastores y líderes en el continente para terminar sus estudios teológicos. Actualmente, Guillermo es el Presidente de dicho seminario.

La introducción del ministerio de E.E. en Paraguay fue el resultado de la labor del hermano Obispo Monzón, de la Iglesia Metodista Libre, que a su regreso de la primera clínica en Godoy Cruz en Argentina comenzó el trabajo entre los hermanos Metodistas Libres. No fue acogido con mucho gozo, pero sí hubo un comienzo lento. Pero Dios tiene sus propios planes involucrando a los hermanos Menonitas con el hermano Glassen, quien participó en la primera clínica en Asunción. Los hermanos Menonitas comenzaron el trabajo con mucho éxito llegando a tener bases de clínicas entre sus iglesias. También Pedro Berardo, pastor Bautista, implementó el ministerio con mucho éxito y su iglesia se convirtió en lugar para continuar entrenando a otros pastores.

De la región del Cono Sur pasamos a la región de Brasil donde el ministerio de E.E. fue introducido por una familia de misioneros luteranos, Rev. John Abel, su esposa Rubi y su familia quienes pertenecían a la "American Lutheran Church". El hermano John Abel, y su esposa Rubi, mientras desarrollaban sus responsa-bilidades de trabajo para levantar fondos para su misión en los E.E.UU. partici-paron en una clínica de E.E. John deseaba capacitarse en este ministerio para luego introducirlo en Brasil.

Dice John que a su regreso para continuar con sus responsabilidades misioneras en la ciudad de Curitiba, implementó el ministerio comenzando con un pequeño grupo de hermanos. Tuvieron tanto éxito que otros pastores deseaban capacitarse en E.E. y así continuaron involucrando a otros pastores y líderes a pesar de que aún no habían completado la traducción oficial de los materiales de E.E. al portugués. John y su familia hacían lo que podían para ofrecer una traducción "casera" de los materiales de E.E. para poder continuar con la labor de capacitación a los hermanos pastores Luteranos en Curitiba y otros lugares.

John fue el instrumento que Dios usó para hacer los arreglos de traducción de la primera edición de los materiales directamente del inglés al portugués. Hizo contacto con el pastor titular de la Iglesia

Bautista Ipanema, quien juntamente con su esposa dominaban muy bien el inglés. No recuerdo bien sus nombres, pero creo que el nombre del pastor era "Dapashion". Él fue quien hizo la primera traducción de los materiales de E.E. en el 1984-5 bajo la dirección de John y David Abel. Un poco más tarde tuvimos la gran ayuda del hermano Joaquim de Paula Rosa, quien para aquel tiempo era el director de la Casa de Publicaciones Bautista en Río de Janeiro. Joaquim también fungía como director de Evangelismo en la iglesia Bautista de Niteroi donde era pastor el Dr. Nelson Fanini, un gran evangelista.

La Primera Iglesia Bautista de Niteroi fue una de las primeras en implementar el ministerio de E.E. con un marcado éxito. Llegaron a celebrar clínicas todos los años las cuales eran de mucho éxito. Entrenaron a miles de pastores y líderes con el interés de la expansión del Reino de Dios en Brasil. En una ocasión el Dr. Fanini fue invitado especial por el Dr. Kennedy para participar en una clínica de E.E. en Coral Ridge, y también ser el orador en una de las actividades especiales de E.E. en Fort Lauderdale, Florida.

Otra de las Iglesias pioneras en la introducción de E.E. en Brasil fue la "Iglesia Bautista do Brooklyn" en Sao Paulo. El pastor para entonces, Rivas Bretones, juntamente con Joelcio Barreto y otros líderes, participaron en una Clínica en Fort Lauderdale, Florida. Ellos regresaron con la idea de implementar el ministerio en sus iglesias locales y así lo hicieron con marcado éxito. La primera clínica llevada a cabo en Brasil fue conducida en la "Iglesia Bautista do Brooklyn", donde Ray Castro y este servidor fuimos los Maestros de clínica. El pastor Joelcio Barreto, juntamente con David Abel, fueron los traductores.

Un líder clave que participó en esta clínica fue el Dr. Georgie Caniellas de la Iglesia Presbiteriana de Brasil. El fue usado por Dios para introducir E.E. entre los hermanos de la Iglesia Presbiteriana Unida en Brasil, siendo uno de los pastores en una iglesia central en Sao Paulo. Luego vino a ser pastor titular en la Iglesia Presbiteriana de Villa María (Iglesia Presbiteriana de Brasil) donde ha continuado en sus labores pastorales. Allí comenzó E.E. con mucho éxito y luego se convirtieron en "base de clínicas". Muchos líderes evangélicos fueron entrenados en aquellas clínicas. Otro líder que deseo mencionar fue el pastor Carlos Alberto Brito Braz y su esposa Ida Katherine Andeston Braz quienes participaron en la misma iglesia con Caniellas por varios años. Luego fueron a asumir el pastorado titular de una naciente congregación donde implementaron E.E. con gran éxito que luego se convirtieron en base de clínicas.

La región de Brasil ha sido compartida por tres miembros del Equipo de Trabajo de E.E. América Latina. El primer Director fue el hermano John Abel, luego su hijo, David Abel ayudó en cierta forma. Como ya hemos dicho, ellos fueron los pioneros en el comienzo de E.E. en Brasil. Organizaron clínicas en varios lugares. Para noviembre del 1985 John Abel envió el siguiente itinerario de clínicas;

Junio	6-11	Curitiva, PR	Iglesia Metodista
Junio	13-18	Campos, RJ	Iglesia Bautista
Julio	25-30	Belem, PA	Iglesia Los Hermanos
Septiembre	5-10	S. Paulo	Iglesia Bautista Brooklyn
Octubre	24-29	S. Paulo	Iglesia Presb. De Villa Maria
Noviembre	21-26	Victoria, ES.	David Abel, Vila Velba
Noviembre	11-15		Congreso Nacional de E.E.

Se hicieron arreglos para que algunos pastores y líderes nacionales asistieran a clínicas en los Estados Unidos. Varios estuvieron presentes en las clínicas de la iglesia de Coral Ridge y otras Iglesias que ofrecían becas para traer líderes de América Latina para participar en sus clínicas, como la primera Iglesia Bautista de Fort Lauderdale, Second Ponce de León Presbyterian en Memphis, Tennessee, Pcoples Church en Fresno y otras. Generalmente yo cra quien traducía para los pastores y líderes de América Latina que participaban. Algunos pudieron ir a clínicas en español en Puerto Rico, pero casi todos participaban en clínicas en los Estados Unidos.

Después de la época de Joan y David Abel, comenzó a dirigir el ministerio en Brasil el Dr. José Carlos Ribeiro, quien ayudó grandemente al desarrollo de E. E. Brasil hasta cuando comenzamos el desarrollo del proyecto de Trabajadores de Campo.

La hermana Alejandra de Jesús (fiel compañera de labores misioneras) comenzó a trabajar con el ministerio en Brasil por su interés en el Ministerio de Evangelismo Explosivo. Había sido entrenada en Miami por el Pastor Edgardo Avero en la congregación que hoy se llama "Ekklesia". El Señor proveyó la oportunidad para que ella fuera una ardua promotora del ministerio de Evangelismo Explosivo entre los líderes de ministerios con los niños en las distintas Iglesias en Brasil. Vino a ser parte del ministerio entre los Trabajadores de Campo.

La labor realizada por el Dr. José Carlos Ribeiro continuó proveyendo el desarrollo del ministerio en Brasil. Bajo su liderato celebramos el Congreso de E. E. en la ciudad de Aguas de Lindoia, en el estado de Sao Paulo. Allí tuvimos alrededor de 400 participantes representando varias Iglesias de todo el país. Aunque la intención era organizar una reunión para "Maestros de Clínicas", aquel evento se convirtió en un "congreso" donde participaron las esposas de los Maestros de Clínicas y otros líderes interesados en la evangelización del país.

El congreso fue de mucha bendición, marcando momentos claves para el éxito del continuo desarrollo de E. E. en Brasil. Allí fijamos futuros planes y sueños para E. E. Brasil, los cuales fueron desarrollándose a su debido tiempo. Congresos similares se llevaron a cabo en Argentina y otros lugares. El Dr. James Kennedy estuvo presente en el Congreso del Cono Sur en Mar del Plata, Argentina. En Brazil estuvo presente el Dr. Thomas Stebins, Director Internacional de E.E. como uno de los exponentes para el congreso. Juntamente con Tom Stebins hubo otros representantes de E.E. Internacional cooperando en la dirección del Congreso.

Un par de años mas tarde, la labor de la directoria regional comenzó bajo la dirección del hermano Robert Foster, quien continúa hasta el presente como Director de E. E. Brasil. Recuerdo cuando entrevisté a Robert en el aeropuerto de Dallas él me hizo la pregunta dónde habría de estudiar el portugués para ir como misionero a Brasil. Le dije; "Vas a estudiar portugués en Brasil, en el campo de trabajo". Roberto y Mary Jo se mudaron con sus hijos a Sao Paulo y allí comenzaron a trabajar y a la vez a estudiar el portugués. Fue una gran experiencia para ellos y también una bendición para E.E. América Latina. Roberto ha hecho una gran labor en los aspectos de la adaptación de los nuevos materiales, bajo la dirección del Nuevo Vice Presidente para América Latina, Will Rodríguez. Muchas Iglesias han comenzado el ministerio de Evangelismo Explosivo bajo la dirección del hermano Foster.

VISTAZO A LA REGIÓN III
(COLOMBIA, VENEZUELA, ECUADOR y PERÚ)

Demos un vistazo a "vuelo de pájaro" a lo que hemos dominado la REGIÓN III (Colombia, Venezuela, Ecuador y Perú).

Por el crecimiento del ministerio y el interés desarrollado por la Iglesias locales, tuvimos que dividir las responsabilidades del desarrollo del ministerio en esta Región. El hermano Roberto Searing vino a ser el Director para Colombia y Venezuela y su hijo, Mark Searing, asumió la responsabilidad del desarrollo del ministerio en Ecuador y Perú. Ambos líderes, Roberto y Mark, han sido misioneros profesionales con marcado éxito en la "Alianza Cristiana y Misionera".

Dr. Roberto Searing juntamente con su esposa Margie, fueron los pioneros en comenzar E.E. en Colombia y Ecuador. Ellos enviaron a varios líderes claves a tomar el entrenamiento en Puerto Rico y en los Estados Unidos. Hubo dos Iglesias que al principio estaban bien involucradas con el ministerio de E.E. Una de ellas, donde estaba el hermano Roberto Searing, Iglesia El Encuentro (de la Alianza Cristiana y Misionera) y también la Iglesia de Puente Largo, con Pablo Méndez y Josué Reyes como pastores.

Otras Iglesias que implementaron con buen éxito el ministerio fueron: La Iglesia Cristiana Confraternidad, Tabernáculo de Fe donde ha sido pastor Héctor Pardo. En uno de mis informes para el cuerpo Directivo de E.E. mencionaba que en ese viaje me había acompañado el hermano David Clippard quien fue maestro de clínica muy involucrado en el desarrollo de E.E. en Norte América. Luego David fue el Vicepresidente de E.E. para los E.E.UU.

Cuando David me acompañó en el viaje a Colombia, Venezuela y Ecuador fue con la intención de compartir con líderes en estos países cómo el ministerio de E. E. había sido de ayuda en la iglesia donde él era el pastor a cargo del ministerio de Evangelismo. Esta era la Iglesia Bautista "Southcliff" en Fort Worth, Texas. Mi interés en invitar a David era para motivar e involucrar más a los Bautistas del Sur y a la vez para que él hiciera un reto a los líderes de las Iglesias en los países de la tercera región. Durante aquel viaje tuvimos la oportunidad de invitar a algunos líderes para participar en las próximas clínicas a llevarse a cabo en Southcliff Baptist Church en Fort Worth. Uno de los participantes fue el Pastor Horacio Prado Paz, quien a su regreso a Quito, fue el instrumento usado por Dios para comenzar el ministerio en aquel país Andino.

Horacio, quien era uno de los líderes pastorales en Quito, comenzó el entrenamiento en su congregación local. Con esfuerzo y dirección de E.E. América Latina llegamos a organizar la primera clínica en Ecuador donde era pastor el hermano Horacio. Tuvimos la participación de algunos hermanos misioneros de la P.C.A. y otros pastores; Rev. Vicente Viera, Gustavo Molina y J. A. Creamer quienes se convirtieron en los líderes de grupo organizado en Quito.

En Bogotá, Colombia el contacto fue el hermano Héctor Pardo, quien se convirtió en el Presidente del "Comité de Contacto". La reunión tuvo lugar en uno de los salones del Hotel Bacatá. Estuvieron presentes varios líderes representando distintas denominaciones y dos organizaciones, S.E.P.A.L. y Visión Mundial. Organizamos el Consejo Nacional de Asesores de E.E. con Héctor Pardo como Presidente, Pablo Méndez Nieto, como Secretario y Héctor Machuca, como Vicepresidente. Luego algunos de ellos participaron en la Clínica en "Peoples Church" en Fresno, California, como en las clínicas que tuvimos en Puerto Rico en la Primera Iglesia Bautista de Carolina, y en la Iglesia de la Alianza Cristiana de Country Club, donde el hermano Carmelo Terranova fue el pastor.

En Caracas, Venezuela las personas con la responsabilidad de organizar la primera reunión fueron los hermanos Samuel Olson y Santiago Montero, pastores de la Iglesia "Las Acacias". Los pastores y líderes que habían participado en el ministerio de E. E. fueron invitados como participantes especiales. Rev. Sheridan Eck de la Iglesia Evangélica Libre, hizo arreglos para que participáramos en una visita al Seminario de ellos en Maracay. Ellos estaban enseñando E.E. en este seminario usando una traducción del libro de E.E. que ellos habían hecho.

Fue un buen intento de traducción, a pesar de que carecía de permiso oficial de E.E. o Dr. James Kennedy. De todas formas Dios usó esta traducción en forma positiva. Podríamos decir que fue una gran conribución de parte de los misioneros de la Iglesia Evangélica Libre hacia el comienzo del gran crecimiento que obtuvo Evangelismo Explosivo en el contiente.

El hermano pastor Gonzalo Afanador, de la Iglesia Cuadrangular juntamente con Santiago Montero, y Sheridan Eck compartieron sus experiencias en la implementación de E.E. en sus Iglesias. El entusiasmo fue muy marcado cuando ellos nos platicaban de las experiencias que tenían los equipos de E.E. en sus respectivas congregaciones. Todos habían tenido experiencias donde varias personas habían aceptado el regalo de la vida eterna.

Discutimos la visión de E. E. para el continente lo cual nos llevó a la organización del Cuerpo Nacional de Asesores de E.E. para Venezuela. Samuel Olson habló muy positivo de su experiencia en el ministerio después de asistir a la clínica en Fort Lauderdale. Se organizó el Consejo Nacional de Asesores con la participación de los siguientes miembros:

Rev. Samuel Olson	Iglesia Las Acacias
Rev. Gonzalo Afanador	Iglesia Cuadrangular
Rev. Gordon Gilmore	Iglesia de los Menonitas
Rev. Justo Blanco	Iglesia Evangélica Libre
Rev. Alvin Fast	Vision Mundial
Rev. Victor Suárez	Independiente
Rev. Ramón González	Presbiteriano
Rev. Heberto Camacho	Independiente
Rev. Valentin Vale	Asambleas de Dios

Pasamos a la Isla de Puerto Rico donde el pastor Rev. Félix Castro, con arduo interés por la evangelización, nos recibió con brazos abiertos. En una de mis visitas con el hermano Félix (lo visitaba con frecuencia pues fue el pastor que ofició nuestra ceremonia de bodas entre Carmen y yo en el 1963) a mi pregunta de cómo él había conocido del ministerio de Evangelismo Explosivo me dijo: "Siempre he estado muy interesado en cumplir con la evangelización, pues ha sido un mandato que Dios nos ha entregado. En el ministerio no únicamente es cuestión de predicar desde el púlpito, pero tenemos que hacer la presentación del evangelio de persona a persona. Yo conseguí casi todos los libros publicados en Venezuela sobre Evangelismo Explosivo y aquí los tengo". Abriendo un armario me enseñó todos los libros que había adquirido en Venezuela; compró toda la publicación. Cada libro estaba bien marcado por el uso de los estudiantes en las enseñanzas que ellos habían tenido. Añadiendo dijo: "Esto es lo que me ha ayudado a levantar esta congregación de 3,000 miembros. Espero que podamos comenzar este ministerio oficialmente en nuestra congregación lo antes posible."

El hermano pastor Rev. Félix Castro envió a varios líderes de su congregación para participar en las clínicas de E.E. en Fort Lauderdale como en otros lugares donde se implementaban las clínicas, como en Fresno, Memphis, etc. Varios líderes de la iglesia fueron entrenados en E.E. y comenzaron con mucho éxito el ministerio en la iglesia local. Luego comenzamos a llevar a cabo clínicas en esta Iglesia bajo la dirección del pastor José Calo Castro, sobrino del hermano Félix. Allí entrenamos líderes de América Latina y del propio Puerto Rico. Recuerdo que los hermanos Juan Calcagni de Argentina y el hermano Valentin Vale de Venezuela, juntamente con varios líderes de nuestra América Morena fueron entrenados en la primera clínica que tuvimos en esta iglesia Bautista de Carolina, Puerto Rico.

Tengo que mencionar otras Iglesias de Puerto Rico donde implementaron el ministerio con mucho éxito. La Iglesia "Catedral de la Esperanza", donde fue pastor el hermano Rev. Carmelo B. Terranova, (ya con el Señor) quien abrazó grandemente el ministerio convirtiendo la "Catedral de la Esperanza" en base de clínicas. Pero aún más, fue ejemplo clave para que otros pastores, de Puerto Rico y fuera de la Isla, se interesaran en este ministerio que fue marcando el gran crecimiento de la Iglesia. El testimonio de esta congregación sirvió de motivación para que varios pastores de Puerto Rico como de otros lugares se esforzaran en implementar Evangelismo Explosivo. El resultado fue maravilloso y muy marcado como un crecimiento nunca visto en muchas de las Iglesias que lo implementaron. Carmelo, juntamente con Cristino Díaz, José Calo Castro, y Félix Castro fueron precursores del ministerio de Evangelismo Explosivo en Puerto Rico y ayudaron a otras iglesias en Puerto Rico, el Caribe y el continente a comenzar el ministerio.

Las Iglesias Presbiterianas de Mayagüez, Aguadilla, Lares, Isabela, y San Sebastián fueron Iglesias donde, por varios años, entrenaban líderes en el ministerio de E.E. El hermano Pastor José Luis Torres (Chewi), (ya con el Señor) dedicó varios años implementando el ministerio en la congregación de la Tercera Iglesia Presbiteriana en Aguadilla. Uno o dos años antes de comenzar oficialmente el ministerio en Puerto Rico el pastor Rev. Ramón Miranda, en la Tercera Iglesia

Presbiteriana de Mayagüez, habiendo conocido el ministerio dedicó tiempo para entrenar algunos laicos en su congregación. Uno de ellos fue el hermano Will Rodríguez, quien eventualmente continuó entrenándose y capacitándose para que tomara mi lugar como Vicepresidente de E.E. para América Latina.

Una iglesia que debo mencionar es la Iglesia Presbiteriana de San Sebastián en esta Isla del Encanto. Allí el Pastor Cruz Ginorio, para los años 1964-65 dedicó tiempo para entrenar a varios laicos en la congregación, lo cual resultó en un buen crecimiento entre ellos. Luego el pastor salió para continuar su ministerio en los E.E.UU. dejando como pastor local al hermano Rev. Héctor Nieves que también salió a Rochester en julio 1985. Luego continuó el entrenamiento de E.E. en la iglesia el hermano Rafael Riquelme, quien también salió de la iglesia para asumir responsabilidades pastorales en otro lugar. Luego el Rev. José Lugo asumió la responsabilidad y continuó el entrenamiento en la iglesia. Eventualmente el hermano Lugo también sale de la iglesia rumbo a los E.E.UU.

Pero lo interesante es que los líderes locales de la congregación continuaron el entrenamiento convirtiendo a la iglesia de San Sebastián como una base de clínicas. Esto nos ejemplifica que a pesar de que varios pastores salieron de esta Iglesia para asumir responsabilidades en otros lugares, el ministerio continuó en funcionamiento por el interés generado entre los miembros laicos de la Iglesia. Por esto es muy importante que el trabajo de entrenamiento gire en torno al llamado del Señor para los laicos, miembros de la iglesia local para cumplir con la Evangelización.

Algunas de las Iglesias Cristianas Reformadas, en especial la de Fair View, Río Piedras, con el pastor Rev. Roberto Rampolla, fueron lugares donde se implementó el ministerio de E.E con mucho éxito. La Iglesia de Fair View se convirtió en base de clínicas donde se llegaron a entrenar cientos de pastores y líderes. Aún, en algunas de ellas, continúan este entrenamiento.

El Rev. Cristino Díaz, quien fue el pastor de la Iglesia Bautista de Río Piedras, una de las iglesias muy conocidas en Puerto Rico por el ministerio entre los universitarios, implementó el ministerio con mucho éxito, convirtiendo la iglesia en "base de clínicas". Allí se entrenaron líderes de varias iglesias de la Isla, también de Santo Domingo y otros lugares del continente. Recuerdo al pastor, Rev. Cristino Díaz, que con mucho interés organizaba los detalles para cada una de las clínicas que allí tuvimos. La iglesia estuvo usando el ministerio de Evangelismo Explosivo con mucho éxito por varios años.

Creo que es importante mencionar que fue aquí en Puerto Rico donde Dios marcó las pautas para seleccionar a los líderes que habíamos de dirigir el ministerio de E.E. en el continente de América Latina. Primero a este servidor, Dr. Cecilio Lajara y también al Vicepresidente actual, el hermano Will Rodríguez, a quien Dios me dió la oportunidad de ayudarle, dirigirle y entrenarle hacia la dirección del ministerio a nivel continental.

Dios había seleccionado al hermano Will Rodríguez como Director de la Región del Caribe, incluyendo al "Caribe Inglés". Renunciando a su trabajo secular con la compañía transnacional Hewlett Packard, donde recibía buena remuneración económica, Will aceptó el reto que le hicimos de asumir la responsabilidad de la directoria del ministerio de E.E. para el Caribe, trabajo que había de llevarse a cabo y aún se lleva a cabo por fe, sin mucha seguridad económica. Recuerdo aquellos momentos en que Will y su amada esposa Tatita debían de tomar la decisión para asumir la responsabilidad de Director para el Caribe con un ofrecimiento de sueldo sumamente limitado, ante las posibilidades de recibir grandes suma de dinero en las "comisiones" de las ventas de equipos en la compañía para la cual trabajaba.

Recuerdo que mi ofrecimiento fue algo mísero, que al hacerlo casi me tuve que meter debajo de la mesa; de un sueldo de pocas ganancias y el cual él tendría que buscar por fe en la expectación de que Dios lo proveyera de una y otra forma. Pero cuando Dios toca el corazón de una persona haciéndole un llamado ministerial no es imposible decir que NO. Esta fue la experiencia de ambos, Will y Tatita. Will no recibió las grandes ganancias económicas de la compañía para la cual trabajaba, pero han recibido aun mayores ganancias siendo siervos del Rey de reyes como Vicepresidente de E.E. para América Latina.

UN VISTAZO DEL DESARROLLO DE E.E. EN CUBA

Comencé a ir a Cuba en el año 1998 por fe, porque no tenía ninguna notificación del Gobierno Cubano para poder entrar a la Isla Comunista. Fue por fe y Dios abrió las puertas. En mis planes de introducir el ministerio en Cuba, hice planes con el pastor Rev. Gary

César y los líderes de Evangelismo Explosivo de la Iglesia Bautista de Ciudad Satélite para invitar a algunos pastores cubanos a participar en la próxima clínica que ellos estaban programando. Definimos los planes e invitamos a cinco pastores cubanos para participar en la próxima clínica. La iglesia Bautista de Satélite cubrió todos los gastos, viáticos, inscripción y alojamiento de aquellos hermanos pastores y líderes de iglesias en Cuba.

De los cinco pastores que fueron bendecidos por esta decisión de la Iglesia Bautista de Ciudad Satélite, al regresar sólo tres implementaron el mnisterio y fueron bendecidos por ello. El hermano Rev. Felipe Rodríguez, pastor de la Iglesia Bautista de Regla fue quien comenzó con mucho entusiasmo y dedicación. Sus esfuerzos fueron de bendición para muchos, en especial para la primera pareja de discípulos en el entrenamiento quienes fueron Israel y Dodani, para entonces ellos eran novios.

La iglesia tuvo un marcado crecimiento como resultado de la implementación de E.E. Allí tuvimos la primera clínica de E.E. en Cuba y fue cuando conocí a Israel y a Dodani, quienes eran líderes en la clínica. El resultado de la clínica fue de mucho éxito tanto para la iglesia local allí cn Regla, como para las iglesias representadas en la clínica.

Varias iglesias comenzaron el ministerio con éxito, muchas de ellas se convirtieron en base de clínicas. El ministerio creció muy saludable y se llegaron a tener clínicas todos los meses, a veces hasta dos clínicas al mes.

Dios permitió que Israel se convirtiera en el Director del ministerio en la Isla y su partipación fue de mucho provecho para el crecimiento de E.E. en Cuba. Gracias a Dios podemos decir que más de 400 iglesias han implementado este ministerio en la Isla de Cuba. Este fue un entrenamiento y una buena capacitación para Israel, quien además de terminar sus estudios teológicos en el Seminario Bautista en la Havana, ha recibido un par de doctorados del Seminario Bautista de Dallas, Texas.

Otro de los líderes del desarrollo de E.E. en Cuba ha sido el Rev. Gilberto Corredera, actualmente pastor de los ministerios hispanos en la Iglesia Bautista de Prestonwood en Houston, Texas. Gilberto Corredera sirvió en Cuba con los hermanos de la Iglesia de los Pinos Nuevos. Gilbero fue uno de los Maestros de Clínicas de E.E. Cuba. El fue el precursor de E.E. entre los hermanos de su denominación, Los Pinos Nuevos. Uniéndose a Israel, formaron un gran equipo de trabajo con líderes claves. Algunos de ellos siendo médicos, renunciaron a la medicina para dedicar tiempo completo al desarrollo de Evangelimso Explosivo en la Isla de Cuba.

Actualmente Israel es uno de los pastores de la Primera Iglesia Bautista de Orlando y está a cargo de los ministerios Hispanos en la Congregación.

Se organizó un grupo de trabajo de E.E. Cuba quienes continuaron entrenando y capacitando a otros líderes para el cumplimiento de la Gran Comisión. De esta forma el ministerio creció con marcado éxito llegando a tener a más de 400 iglesias involucradas usando el ministerio de alcance evangelístico. Esto ha sido de muchas bendiciones para las Iglesias en Cuba. Durante el desarrollo de E.E. en Cuba Dios levantó líderes que hoy le sirven al Señor en distintas partes en los E.E.UU. y el continente de América Latina.

También el ministerio fue introducido en las otras Islas caribeñas y en Santo Domingo y Haití con marcado éxito. En la Isla de Jamaica hubo un despertar muy marcado en las iglesia que comenzaban E.E. y fue donde primero se llevaron a cabo las clínicas para entrenar a líderes de las otras islas y que solo se podían comunicar en el idioma inglés, aunque algunos podían entender un poco de español y papiamento. Una de las Islas donde hubo un marcado crecimiento fue en Jamaica bajo la dirección del hermano William Childs. El Rev. Tim McClain fue el primer Director para el Caribe Inglés. Luego Will Rodríguez asumió esta responsabilidad.

Recuerdo que en Santo Domingo hicimos una visita de cortesía para hacer contactos con algunos pastores y líderes de algunas denominaciones. Contactamos al hermano Pastor de apellido Grullón, quien había asistido a una clínica llevada a cabo en la Primera Iglesia Bautista de Río Piedras, Puerto Rico. Al regreso a su iglesia Alianza Cristiana y Misionera en Santo Domingo, comenzó a entrenar líderes en la congregación. Los resultados fueron de mucha bendición para la iglesia local como para la denominación. Dios les proveyó la bendición de convertirse en base de clínicas. Allí tuvimos la primera clínica en Santo Domingo y luego se llevaba a cabo una clínica cada año. La contribución del hermano Grullón fue de gran bendición para que muchas personas aceptaran el regalo de Vida Eterna en la República Dominicana.

También vimos un buen comienzo en las Islas Inglesas del Caribe, como en Jamaica, Trinidad, Tobago y otros lugares. Muchos de estos líderes participaron en clínicas en Fort Lauderdale como también en Venezuela y Puerto Rico. Uno de los primeros Directores de la región, Tim McClain informaba sobre el buen crecimiento que existía en Jamaica.

CENTRO AMÉRICA

Comenzamos el ministerio en Centro América como en otros lugares interesando a líderes claves en los varios países centroamericanos para participar en el ministerio de Evangelismo Explosivo. Varios de ellos fueron entrenados en la Iglesia de Coral Ridge, otros en Puerto Rico y Santo Domingo e Iglesias bases de clínicas como en Peoples Church en Fresno, California, Southcliff Baptist en Dallas, Second Presbyterian en Memphis, Tennessee, y así por el estilo. Generalmente estas Iglesias bases de clínica ofrecían becas para los invitados.

En Costa Rica, hubo un primer intento de introducir el ministerio con unos hermanos descendientes de las islas del caribe. Pero realmente fue hasta que el hermano pastor Orlando Álvarez, de la iglesia de las Asambleas de Dios, fue capacitado en Coral Ridge junto a otros hermanos de Centro América. Orlando comenzó a capacitar a los líderes en su congregación, sembrando la idea del desarrollo de E.E. en el país y en la esperanza de convertir a la congregación en un centro para entrenar a otros hermanos en el país. Allí participaron líderes como el Dr. Daniel Morales que aún continua involucrado en el ministerio de E.E. sirviendo como asesor en algunas de las áreas del ministerio. El hermano Mario Iglesias, quien después de contraer matrimonio y estudiar en el Seminario Teológico SETECA, sirve con su esposa Paola como misioneros en España.

La Iglesia tuvo un crecimiento bien marcado, el cual les llevó a comprar las propiedades aledañas a la iglesia para poder ampliar la sala donde celebraban el culto de adoración los domingos. El crecimiento fue bien notable que pronto se convirtió en una de las Iglesias más grandes en la ciudad. Había un grupo de líderes jóvenes a quienes Dios usó grandemente en el crecimiento del ministerio en el país. Luego estos jóvenes pasaron a ser líderes en otros ministerios. Recuerdo estar reunido con Daniel Morales, Josué Blanco y Mario Iglesias haciendo planes para comenzar el proyecto de jóvenes en el ministerio de Evangelismo Explosivo. Ellos se dieron a la tarea de la traducción y adaptación de E.E. Jóvenes del inglés al español. Este ministerio tuvo un gran auge y crecimiento entre los grupos juveniles en las Iglesias del continente. Esto fue una gran contribución de aquella iglesia en San José. Costa Rica.

En el país de los "chapines" Guatemala, E.E. tuvo sus orígenes con los Presbiterianos en la ciudad de Quetzaltenango dos años antes de que se llevara a cabo la primer clínica en el país. Resulta que un misionero presbiteriano había tomado una clínica en los E.E.UU. y luego habiendo traducido en parte los materiales, los implementó en su ministerio. Lamentablemente tuvo poco éxito, pues tales materiales no habían sido "culturalizados". El Dr. James Kennedy hizo una corta visita de tres días a Guatemala para estar con este misionero y motivarle en su trabajo. El intento no logró mucho éxito.

Fue hasta que llegó una pareja de misioneros de "Wycliffe" quienes habían tomado una de las clínicas en los E.E.UU. Edgar y Eleanor Beach, que al regresar a Guatemala, Edgar continuó su trabajo misionero como traductor del Nuevo Testamento al "Tectiteco", uno de los idiomas indígenas de Guatemala. Eventualmente para el año 1993, Edgar terminó la traducción que fue recibida con mucha bendición. Su esposa, Eleanor, dedicó su tiempo a entrenar y capacitar a varios líderes en Evangelismo Explosivo en una iglesia local (Mensaje de Vida). Uno de estos líderes fue el hermano David Gómez, a quien Dios había escogido para asumir las responsabilidades como Director del ministerio de Evangelismo Explosivo en Guatemala y luego, Director Continental del ministerio de Etnias de Evangelismo Explosivo en América Latina. El Rev. David Gómez vino a ser parte del Equipo de E.E. para América Latina. Aun continúa asumiendo estas responsabilidades.

Varios pastores y líderes de varias congregaciones fueron

entrenados en Evangelismo Explosivo quienes implementaron el ministerio en sus congregaciones. Algunos tuvieron un marcado éxito, otros comenzaron pero se quedaron sin terminar. El hermano Costop, pastor de la Alianza Cristiana y Misionera, fue uno de los que trabajó hasta convertir su iglesia en base de clínicas. Otra iglesia como base de clínicas fue la Iglesia Biblia Abierta, donde laboraba como ayudante el hermano David Gómez. Esta congregación tomó el ministerio con muchos esfuerzos y tuvo como resultado un buen marcado éxito. David y su esposa Irma fueron los instrumentos usados por Dios para el éxito del ministerio.

Varios años más tarde esta Iglesia organizó la primera clínica para líderes de Etnias donde participaron 32 líderes de varios grupos indígenas. El líder usado por Dios para organizar esta clínica fue el Pastor David Gómez. Luego David, juntamente con la hermana Eleanor Beach, continuaron proveyendo un buen seguimiento a estos líderes controlando y ayudando grandemente en las distintas traducciones a las lenguas indígenas. Recuerdo que en aquella congregación tuvimos un Seminario donde invitamos a varios líderes claves de los distintos grupos étnicos en Guatemala. También hubo la participación de unos líderes de México del pueblo Chol y Tzonzil, y de los Mayas.

Estos hermanos de los distintos grupos étnicos fueron usado por nuestro Señor para hacer las traducciones y adaptaciones culturales propias de los materiales de Evangelismo Explosivo. Ha sido de mucho valor dedicar tiempo para que estos hermanos de las distintas etnias puedan conocer sobre el Salvador, pues ellos también son parte del "pueblo de Dios".

Siglos antes que Jesús naciera en Belén, el profeta Isaías predijo el nacimiento del Salvador de un manera notoria cuando escribió: *"Porque un niño nos es nacido, hijo nos es dado, y el principado sobre su hombre; y se llamará su nombre Admirable, Consejero, Dios fuerte, Padre eterno, Príncipe de paz". (Isaías 9:6)* Ahora este mensaje puede ser traducido y conocido en muchos grupos étnicos en nuestro continente, de la bella América Morena gracias a Dios que ha provisto al hermano David y a la hermana Eleanor Beach para dirigir este ministerio con mucha pasión y amor en Cristo.

Luego el ministerio de Evangelismo Explosivo continuó su desarrollo marcado y pautado por el Señor. En Honduras el Obispo

Francisco Ochoa, de la Iglesia de Dios de la Profecía, se interesó por entrenar a varios de los líderes de su denominación. Hicimos arreglos y algunos de ellos fueron recipientes de becas de algunas Iglesias en los E.E.UU. Otros fueron capacitados en clínicas en Puerto Rico, México y Guatemala. Fue tanto el interés del Obispo Ochoa que se fue en busca de fondos en su denominación para hacer una publicación especial de los materiales de E.E. para usarlos con los hermanos de la Iglesia de Dios de la Profecía en Honduras. Naturalmente que estos materiales fueron de gran ayuda en otros países y por otras denominaciones, lamentablemente, las otras denomi-naciones tuvieron que hacer algunos ajustes a la introducción del libro, pues la notoriedad de la Iglesia de Dios de la Profecía era muy marcada. Pero fue de gran ayuda en la expansión del ministerio en Centro América.

Recuerdo que en cierta ocasión, el Obispo Ochoa, queriendo saber y conocer si este ministerio se podría usar entre los hermanos de la Iglesia de Dios de la Profecía en Honduras (pues es un material originado y desarrollado en una iglesia de carácter Reformado) quiso que fuéramos a hacer algunas visitas evangelísticas. Este fue el diálogo que tuvimos en la primera visita, la cual fue una "cita divina".

"Buenos días, soy Cecilio Lajara y ando visitando con el Obispo…."

"Buenos días, es un placer verles y recibirles en mi casa. Pasen y tomen asiento. Sr. Obispo, mi hermana me ha hablado mucho de usted y de la congregación, pero yo estoy muy ocupada y no puedo ir a la iglesia." (Esta era una Sra. Comerciante y decía que no creía en "pamplinas" como su hermana.)

Le dije: "Bueno, hermana Magda, de estas 'pamplinas' es que deseamos hablarle.."

Continué con la presentación del evangelio y ella se interesó cuando le hice la pregunta: "¿Ha llegado usted al punto en su vida en que tiene la seguridad de que si muere hoy va al cielo?" (Nosotros no sabíamos que ella había tenido un accidente automovilístico la semana anterior; nos contó de su experiencia y cómo estuvo cerca de la muerte.)

"Por eso es sumamente importante, hermana Magda, que conozcamos esas 'pamplinas' que conoce su hermana. Así como Dios le protegió en su accidente, continúa protegiéndole hoy y siempre. "Ahora permítame hacerle otra pregunta muy sencilla: Si usted hubiese muerto en ese accidente, y al llegar al cielo Dios le hubiese preguntado:

¿Por qué debo dejarte entrar a mi cielo? ¿Qué le hubiese dicho? Naturalmente su contestación fue "por obras" de sus contribuciones a su Iglesia Católica y algunas ayudas, etc. Dios me dio la oportunidad de continuar haciendo la presentación del evangelio y ella aceptó el "regalo de la Vida Eterna"…Invité al Obispo a orar.

El Obispo, muy callado y observándolo todo, luego me dijo: "Quiero que pueda entrenar a todos los líderes en mi iglesia y en nuestra denominación aquí en Honduras y en todo Centroamérica. Fue una experiencia gloriosa y de la cual el Obispo siempre hacía referencia cuando hablaba de Evangelismo Explosivo.

De esta forma entró el ministerio de Evangelismo Explosivo en Honduras y puedo decir que así fue mi experiencia en toda la América Morena, por lo cual expreso mi gratitud profundamente a nuestro Señor y Salvador.

En Panamá el pastor Roberto Bruneau, de la Iglesia Bautista de la Boca, fue de los primeros panameños capacitado en E.E. y ayudó a la introducción del ministerio de E.E. en el país juntamente con algunos misioneros Bautistas. Después de varios intentos Roberto pudo entrenar algunos hermanos con la ayuda de los misioneros Bautistas del Sur que dedicaron tiempo para esta labor. También estos misioneros comenzaron el entrenamiento en la Primera Iglesia Bautista de Panamá con el pastor Rev. James D. Watson, quien marcó un buen éxito en sus esfuerzos. Tuvimos una clínica donde pudimos entrenar varios líderes, pastores de Iglesias locales, pero realmente el ministerio no tuvo el mismo énfasis y proyección como en otros países centroamericanos. Después de algunos años, varios líderes fueron entrenados en clínicas en Costa Rica incluyendo el hermano Ángel Mena. Luego la denominación de los Cuadrangulares asumió un buen liderato entrenando a líderes de varias denominaciones. Se llegaron a tener varias clínicas de entrenamiento entre ellos. El hermano Mena ayudó grandemente a los hermanos en Panamá. El pastor Orlando Álvarez fue de gran bendición entrenando y capacitando a líderes panameños en su iglesia en San José, Costa Rica.

El ministerio comenzó en Nicaragua con una visita introductoria de parte de nuestro oficina en Fort Lauderdale. Aquella primera reunión fue organizada por el hermano de origen cubano, Rev. Pastor Tamayo, pastor de la Primera Iglesia Bautista en Managua. Luego otras Iglesias como la iglesia Bautista Canaán en Managua, cuyo pastor era el hermano Miguel Rivera Alvarado, se involucraron capacitando a un buen número de miembros como hermanos de otras congregaciones aledañas.

Pasaron varios años de entrenamiento de E.E. cuando el hermano pastor Rev. Sofonías Chávez asumió la responsabilidad como coordinador del ministerio, continuando capacitando y enseñando a un sinnúmero de pastores y líderes. Sofonías vino a ser miembro del Equipo de E.E. Centroamérica y aún continua atendiendo estas responsabilidades. Cuando organizamos los grupos de "Trabajadores de Campo" fue parte activa de dicho grupo de trabajo en Evangelismo Explosivo.

Comenzamos el ministerio de Evangelismo Explosivo en México casi al principio de mi comienzo como parte del Equipo de Trabajo del Dr. Kennedy. Precisamente fue en el 1980 cuando hice mi primer viaje a México para hacer conocer a mis amigos y otros líderes sobre el ministerio de Evangelismo Explosivo.

Hicimos invitación a varios hermanos para participar en algunas de las clínicas que para entonces se llevaban a cabo, aunque sólo en inglés, pues aun no se habían terminado de traducir todos los materiales. Recuerdo que tuve que servir como traductor en algunas de las clínicas. Para entonces solo traíamos pastores y líderes a las clínicas de Coral Ridge en Fort Lauderdale, Peoples Church, en Fresno, California; Second Ponce Presbyterian en Memphis, Tennessee; Primera Iglesia Bautista en Fort Smith, Kansas; Central Church en Memphis, Tennessee, Iglesia Metodista en Carrolton, Texas y otras. Todas estas Iglesias proveían becas incluyendo los viáticos, con el propósito de extender la ayuda ministerial de Evangelismo Explosivo.

Recuerdo que la iglesia Metodista en College Station, Texas, por varios años dedicó todos sus esfuerzos misioneros para introducir el ministerio de Evangelismo Explosivo a México. El pastor para entonces, Rev. Terry Tekel y su ayudante, Randy Wimpee, hicieron varios viajes a Monterrey, México para conocer y ampliar su visión misionera con los hermanos Metodistas en México, especialmente en Monterrey donde la Iglesias Metodistas habían comenzado el ministerio con mucho éxito bajo la dirección del Obispo Joel Mora Peña y el pastor de la Iglesia Metodista La Trinidad, el Rev. Elías Díaz. El líder de evangelismo era el hermano Joel Ordaz.

La Iglesia Metodista en College Station, Texas tomó bajo su responsabilidad todos los gastos comprendido en la introducción de Evangelismo Explosivo en México. Ellos comenzaron cubriendo los sueldos de las personas involucradas en el ministerio en México, proveyeron un automóvil nuevo, también cubrían los gastos de la oficina incluyendo los gastos de viáticos del Director Regional, que para entonces era el Obispo Joel Mora Peña.

Bajo el liderato del hermano Joel Mora Peña el ministerio fue introducido en todas las Iglesias metodistas del norte de México y otras congregaciones. Los Presbiterianos de Monterrey como en otras ciudades cercanas también captaron la visión y se involucraron a entrenar y capacitar a sus miembros. Algunas de estas iglesias se convirtieron en bases de clínicas, como la iglesia Presbiteriana de Tampico.

El ministerio llegó a tener un buen comienzo y desarrollo en Monterrey. Luego el Obispo Joel Mora Peña aceptó un llamado pastoral a una de las ciudades fronterizas al Norte de Monterrey renunciando a su cargo en Evangelismo Explosivo. Fue entonces cuando el Ingeniero Nahúm Vega Orozco fue invitado para asumir la responsabilidad de Director de E. E. México. Aún al día de hoy Nahúm continúa con estas responsabilidades.

Siendo miembro de la Iglesia "Centro Cristiano Juan 14:6" donde era pastor el hermano Rev. David Arévalo, el hermano Nahúm Vega era la persona que tenía bajo su responsabilidad la dirección del ministerio de Evangelismo Explosivo. Para entonces Nahúm trabajaba en el aeropuerto de Guadalajara como uno de los "controladores aéreos". Recuerdo cuando le hice la invitación al hermano Nahúm, yo no esperaba que ni aun lo considerara, pues la paga era muy limitada en comparación con lo que él recibía como Ingeniero en la torre de control aéreo en el aeropuerto de Guadalajara. Pero para mi sorpresa su contestación fue muy positiva y dijo que lo pensaría y oraría ante el Señor junto a su primera esposa, la hermana Lydia (quien pasó a morar con el Señor años más tarde).

Nahúm asumió las responsabilidades como el Director de Evangelismo Explosivo de México para el año de 1983. Dios ha bendecido al hermano Nahúm de una manera espectacular proveyéndole una nueva esposa, la hermana Cristi, quien ha asumido muy buena responsabilidad como esposa y ayudante con Nahúm en el ministerio. La hermana Cristina ha sido Directora del ministerio de E.E. Niños en México y ha sido de gran contribución al ministerio en el Continente. Actualmente continua cooperando y ayudando con este ministerio.

Como mencioné anteriormente, el ministerio en México sirvió como un trampolín para comenzar el ministerio en el país comunista de Cuba. Siendo que varias Iglesias de diferentes denominaciones comenzaron el ministerio con marcado éxito en México, la Primera Iglesia Bautista de Satélite con su pastor el hermano Rev. Gary Cesar y el hermano Nahúm planearon proveer becas para que pastores y líderes cubanos pudieran ir a México y participar en la clínica, proyectada para llevarse a cabo en la Primera Iglesia Bautista de Satélite. Los planes fueron confirmados por las Iglesias de Cuba y cinco hermanos pastores cubanos fueron los recipientes de las becas ofrecidas por la Primera Iglesia Bautista de Satélite, México. Este fue el comienzo de la introducción del ministerio en Cuba que luego se desarrolló con mucho éxito.

ESPAÑA

Después de repasar los resultados de nuestro ministerio en el Continente Latinoamericano, acerquémonos a la Madre Patria, España, o como denominábamos la región: "La Península Ibérica". Mi primera visita a España fue a consecuencia del interés de algunos líderes (Rev. Juan Blake, del equipo de Billy Graham, Rev. Fernando Vangioni, también del Equipo de Billy Graham pero con responsabilidades pastorales en Madrid, un amigo personal el Dr. David Estrada, de Barcelona, también Rev. Carlos Gómez y otros). Algunos de ellos nos escribieron, solicitando información sobre Evangelismo Explosivo. Me reuní con ellos en la esperanza de organizar un grupo de trabajo y comenzar Evangelismo Explosivo en la Península Ibérica.

Organizamos un grupo de contacto en España, el Consejo Nacional de Asesores, y allí comenzamos a pautar el desarrollo de E.E. España. Varios de aquellos hermanos tuvieron la oportunidad de venir a los E.E.UU. para participar en algunas clínicas de Evangelismo Explosivo en Fort Lauderdale (Coral Ridge), Memphis, Tennessee, Second Presbyterian, y en People's Church en Fresno, California.

Cuando ellos regresaron a España comenzaron el entrenamiento bajo nuestra asesoría. Algunas de las Iglesias tuvieron un marcado éxito y luego pudimos organizar la primera clínica de E.E. que tuvo lugar en la Iglesia Evangélica de Canillejas de la F.I.E.I.D.E. donde era pastor el hermano Rev. Roque Sánchez y su hijo José Pablo Sánchez. Recuerdo que tuvimos 65 participantes de varias Iglesias en España, entre ellos estaban los hermanos Rev. Miguel Llagostera, Rev. Seisdedos, Sr. José Pablo Reus, Rev. Juan Blake y otros, quienes luego se convierten en líderes del continuo desarrollo de Evangelismo Explosivo en España.

Otra Iglesia que tuvo un marcado éxito en la implementación del ministerio fue la Iglesia de la Biblia Abierta, también en Canillejas donde era pastor el Rev. Rodolfo Loyola. Pedro Pablo Reus, nuestro primer Director de E.E. España, era miembro de esta congregación y fue uno de los responsables por el desarrollo del ministerio entre los hermanos.

Una de las experiencias que Dios me ha presentado y ha marcado el ministerio en mi vida fue aquel momento en que programamos un seminario para entrenar Maestros de Clínicas en el Monasterio San Juan de la Cruz en Segovia. Este entrenamiento fue para el año 1985 y esperábamos la participación de candidatos para Maestros de Clínicas de varios países de Europa.

Lamentablemente hubo para aquellos días una tormenta invernal que paralizó a casi toda España y otros lugares. Mi vuelo aéreo arribó a Madrid sumamente tarde. El hermano Pedro Pablo me recogió en el aeropuerto de Madrid, y comenzamos la gran travesía para llegar a Segovia, lo cual fue muy difícil por la gran tormenta invernal. Llegamos a las 3:00 AM de la madrugada del siguiente día.

A mi llegada al Monasterio San Juan de la Cruz nos recibió un párroco, quien me dijo: "Ah, usted es el Jefe, el que viene a impartir las enseñanzas. A usted le tengo una celda especial; lo voy a llevar a la celda donde vivió San Juan De La Cruz". Caminamos los largos pasillos del Monasterio y llegamos a la "celda de San Juan de la Cruz". Me dice el Párroco, "Aquí tiene usted un catrecito, pero ésta, (señalando una cama de piedra) es la cama donde dormía San Juan de la Cruz. Espero que se acostumbre a ella."

Para mí fue una experiencia muy especial, pues durante mis estudios en la Escuela Superior, (Secundaria), en Aguadilla, Puerto Rico yo me había leído todos los "Autos Sacramentales" de San Juan de la Cruz y de Santa Teresita de Jesús. Tuve la bendición de poder vivir algunos de ellos estando allí en la celda donde fueron escritos por su autor. La experiencia fue espectacularmente spiritual para mí, por ello expreso mi gratitud al Todopoderoso.

A los dos días de estar allí y durante la hora del almuerzo, el párroco se me acerca en la mesa y pone delante de mí una botella de un añejado licor, pues había sido añejado por 42 años. El padre del párroco se lo había regalado el primer día que él entraba al Monasterio. Lo pone delante de mí diciéndome: "este whisky lo he guardado para una persona que me caiga bien. Desde que lo vi anoche, Ud. me ha caído muy bien. Que lo goce."

Yo no tomo licor y la botella de whisky se quedó sin abrir en la mesa. El párroco caminaba a lo lejos en el comedor, mirándome para ver cuando yo abría la botella. Luego se me acerca y me dice: "¿Qué clase de personas son ustedes, que no han abierto la botella?" Entonces yo, poniéndome de pie y echándole el brazo en sus hombros, le dije: "Caminemos por este largo pasillo y le explicaré por qué no he abierto la botella." Mientras caminábamos tuve la bendición de hacerle la presentación del evangelio usando Evangelismo Explosivo. Fue una experiencia maravillosa. Recuerdo que cuando le hice las preguntas de diagnóstico me contestó: "Pues por eso es que estoy aquí en el monasterio."

Mientas caminábamos, nos acercamos a la capilla. Entonces me dice: "Podemos orar en la capilla". Allí fuimos y oramos. El aceptó el regalo de la Vida Eterna. Luego, al terminar el entrenamiento para Maestros de Clínicas de Europa, regresé a Fort Lauderdale y continué con mis responsabilidades desde la oficina internacional.

Al cabo de unos diez años tengo la oportunidad de regresar nuevamente a Segovia, España, pero esta vez con el ministerio de Sola Fide Internacional. Era mi responsabilidad enseñar en un Seminario sobre Misiones para pastores y líderes de las Iglesias en Madrid. Al llegar a Segovia, se me acerca uno de los pastores que había venido para el seminario y me pregunta: "¿Es Ud. el Dr. Lajara que en una ocasión, hace como 8-10 años, vino a Segovia al Monasterio San Juan de Cruz para dar unos cursos sobre Evangelismo Explosivo?" Le contesté que sí. Entonces me dijo: "Yo he deseado conocerle, pues usted le hizo la presentación del evangelio a Desiderio, que era el párroco a cargo de este Monasterio y él aceptó a Cristo y hoy sirve al Señor, plantando iglesias en el norte de España junto a unos misioneros suecos."

Naturalmente que me interesé por ver nuevamente al párroco Desiderio, ahora misionero, sirviendo al Señor juntamente con otros misioneros plantando Iglesias en el norte de España. Tuvimos un encuentro lleno de bendiciones, gratos recuerdos, buena comida, renovando nuestro encuentro ante el Señor y forjando futuros planes para comenzar nuevas iglesias.

Continuando con el desarrollo de Evangelismo Explosivo en la Península Ibérica entramos a Portugal donde, por la misericordia de Dios pudimos también buscar y capacitar a algunos líderes claves que fueron usados por Dios para comenzar el desarrollo del ministerio en aquel lugar. Para los comienzos de E. E. en Portugal la primera iglesia donde se marcó el comienzo fue en la Iglesia de Dios donde era pastor el hermano Rev. Antonio R. Pereira en Amadora, Portugal. También se había comenzado el ministerio en una de las iglesias líderes en Lisboa, donde era pastor el presidente de Las Asambleas de Dios que era el Rev. Pessoa.

En una de las primeras clínicas en Amadora, del 25 al 30 de octubre de 1985, tuvimos 63 participantes ofreciendo una gran amplitud para el desarrollo del ministerio en Portugal y aun en España, pues tuvimos algunos hermanos de la Madre Patria. Eventualmente el hermano Pedro Pablo Reus termina sus responsabilidades como Director Regional para la Península Ibérica y asume las responsabilidades el hermano Juan Diego Vallejos de la Iglesia La Biblia Abierta en Barcelona.

Juan Diego ayudaba al hermano Rev. Miguel Llagostera en el desarrollo de E.E. en la Iglesia de la Biblia Abierta en Selva del Mar en Barcelona. Esta fue una de las primeras Iglesias que comenzó el ministerio de Evangelismo Explosivo en Barcelona, España. Llegaron a tener un par de clínicas donde capacitaron a varios pastores y líderes. Juan Diego estuvo activo en la iglesia hasta que asumió la responsabilidad de la dirección de Evangelismo Explosivo en España y Portugal.

Aquí terminan las memorias de Cecilio Lajara y comien zan las memorias de sus colegas.

45

CAPÍTULO 4

DESCUBRIENDO EVANGELISMO EXPLOSIVO EN COLOMBIA

Dr. Pablo Méndez Nieto y Dra. Argelia Méndez

En el año 1982 vino a Bogotá el Dr. Cecilio Lajara para presentarnos un ministerio que había ayudado en el crecimiento ordenado de muchas iglesias en los Estados Unidos y que ahora se ofrecía a ayudar a todos los pastores alrededor del mundo.

En una reunión en el Hotel Bacata un grupo de pastores vimos una película que mostraba lo que había ocurrido en la Iglesia Presbiteriana de Coral Ridge en Fort Lauderdale. Lo que más me impresionó fue la multiplicación de líderes involucrados en la evangelización y el discipulado de los visitantes y nuevos miembros de la iglesia.

Como misionero de Campus Crusade for Christ, yo había estado involucrado en evangelismo y discipulado desde mi conversión. Yo había visto el nacimiento espiritual y el desarrollo de los involucrados en el movimiento estudiantil.

Pero dentro de la iglesia local, el escenario era diferente. Pocas personas sabían evangelizar y menos discipular. Era un trabajo que solo algunos pastores y líderes entrenados hacían. Casi todas las iglesias locales de esa época, 1982, se estancaban en su crecimiento al llegar a 50 personas.

En este contexto era muy atrayente un ministerio que mostraba como resultado de su esfuerzo iglesias con miles de miembros que se multiplicaban continuamente.

Invitado a participar en una Clínica

Algunos de los que participamos en esa primera reunión fuimos invitados por la Iglesia Presbiteriana de Coral Ridge a participar en una actividad de capacitación para pastores que se realizó en enero de 1983. Ellos tenían un nombre para este primer encuentro de capacitación pastoral: Clínica de Evangelismo de Primer Nivel.

Yo quedé grandemente impactado por varias cosas que vi en esa clínica y en esa iglesia: la calidad de los maestros, la pasión y la dedicación de los equipos de evangelización de la iglesia local, la calidad y el contenido de los materiales, las visitas a las casas de los que eran evangelizados y ver cómo funcionaba en la práctica el ministerio de evangelismo en los hogares.

Al regresar a Colombia me propuse comenzar el ministerio en nuestra iglesia en Bogotá siguiendo al pie de la letra el manual que recibí en Fort Lauderdale.

Los primeros alumnos fueron mi esposa y otras tres personas a quienes transferí lo aprendido. Fueron los primeros dos equipos de evangelismo de la comunidad cristiana de Puente Largo en Bogotá.

Al terminar nuestro primer semestre de capacitación en la iglesia local teníamos ya un grupo de 30 personas involucradas en el ministerio. Unos como maestros, otros como miembros de los equipos y otros como nuevos alumnos y compañeros de oración. Cerca de 25 personas habían tomado la decisión de aceptar a Jesucristo como su Señor y Salvador. Había comenzado formalmente el ministerio de evangelismo explosivo en nuestra iglesia.

Cada semestre el ministerio se duplicaba y los nuevos creyentes recién convertidos eran discipulados semanalmente y asimilados en las actividades de la iglesia. Fue necesario reclutar una administradora que se encargara de la programación de las visitas y de la consecución de materiales para todos los participantes.

Los miembros de los equipos de evangelismo seguían recibiendo capacitación en niveles avanzados y colaboraban como equipos de visitación en las clínicas.

Primeras Clínicas

Uno de los pastores de la Comunidad Cristiana de Puente Largo consiguió los recursos para el fondo de materiales y para becas a los participantes en las clínicas. Las primeras clínicas se realizaron en Colombia en la Iglesia El Encuentro y en nuestra iglesia, Comunidad Cristiana de Puente Largo.

Luego ayudamos a organizar la primera Clínica de Niveles Avanzados con maestros de España y Latinoamérica. Se realizó en el Hotel Sochagota en Paipa, Boyacá con la participación de 200 personas. Fue una verdadera fiesta de la Evangelización.

Personalmente estuve involucrado en el ministerio de evangelismo de la Comunidad Cristiana de Puente Largo desde 1983 hasta 1995. Vi como esa iglesia se convirtió en un cuartel de capacitación de pastores. Cada año se realizaban clínicas de evangelismo que inspiraban y motivaban a otros pastores a iniciar el ministerio de evangelización.

La Comunidad Cristiana de Puente Largo experimentó el crecimiento al ampliar la base del liderazgo con los miembros de los equipos de evangelismo. Otras iglesias en Bogotá y en Colombia también comenzaron a ver los frutos del evangelismo como resultado de la capacitación de los miembros.

Los líderes de las iglesias que eran base de clínica en Colombia conformaron la Junta Nacional de Asesores bajo la personería jurídica de Evangelismo Explosivo. Se consiguió una oficina, una secretaria y comenzó la impresión de materiales para todas las iglesias en Colombia y para otros cinco países de Latinoamérica.

Las primeras clínicas en Colombia fueron realizadas por la Iglesia el Encuentro y por La Comunidad Cristiana de Puente Largo con la asesoría en el manejo del manual de clínica de Minet Malaret quien era la secretaria del Vicepresidente Latinoamericano.

El pastor Oswaldo Casati de Argentina fue el maestro de la primera clínica de la Comunidad Cristiana de Puente largo realizada en el Centro de Convenciones de Bogotá.

Apoyo Misionero

Más tarde con la ayuda de Roberto Searing, un misionero de la

Iglesia del Encuentro, se capacitaron Maestros de Clínica para Colombia. Otras iglesias en Cali, Medellín, Barranquilla e Ibagué comenzaron a hacer clínicas de primer nivel y el ministerio se extendió por toda Colombia.

A partir de entonces fui invitado como maestro de clínica a enseñar en otras clínicas nacionales e internacionales, como la Iglesia Bautista de Miami, Coral Way. Dios me dio el privilegio de representar a Colombia en la Junta Directiva internacional de Evangelismo Explosivo por varios años hasta la muerte del Doctor James Kennedy (su fundador y presidente) en el año 2007.

Tuve el privilegio de conocer al Dr. Kennedy y a todos los vicepresidentes y demás miembros de la Junta Directiva de E. E. que enriquecieron mi vida y me motivaron a servir al Señor.

Gracias a la visión dada por Dios al Doctor Kennedy, el ministerio de Evangelismo Explosivo se estableció no solo en Colombia sino en 212 naciones y 15 territorios del mundo.

Esa visión de equipar a los santos para la obra del ministerio incluía no solo los pastores sino a los creyentes novatos que se convertían en entrenadores de ganadores de almas para Cristo. Como su nombre lo indica, era una explosión de ganadores de almas.

Ocaso

Con la expansión del ministerio a nivel nacional e internacional comenzaron a aparecer algunas iglesias que no seguían activas en el ministerio de E. E. A finales del siglo XX se hizo una encuesta en todas las iglesias involucradas con E. E. en la que les preguntábamos como podríamos mejorar. Las recomendaciones de los encuestados incluían acortar el programa, flexibilizarlo, simplificarlo y rediseñarlo con las nuevas tecnologías de la información.

Como resultado de los cambios surgió "Manos a la Obra" que más que un ministerio era una presentación corta y simple del evangelio. Lo que una vez fue ministerio vibrante de evangelismo, discipulado y crecimiento en la iglesia, se convirtió en seminarios de evangelismo enseñados por el personal contratado por E.E. en cada país. Me acuerdo las palabras del Dr. Kennedy cuando conoció la propuesta de "Manos a la Obra". Dijo: "Eso es muy bonito pero no es Evangelismo

Explosivo". Se refería obviamente a que hacía falta la multiplicación de discipuladores.

Las iglesias poco a poco fueron dejando el programa y pocas adoptaron los nuevos materiales. El ministerio infantil llamado "Kids E.E." fue lo último que se recuerda de esa época.

Con el paso de los años y la aparición de las mega iglesias el escenario colombiano también cambió. Las iglesias habían crecido y ahora ser cristiano era algo popular. Las iglesias se llenaron de gente que buscaba un "show musical" más que un encuentro con el Salvador.

Hablar de capacitación y visitación es ahora algo impopular. Nadie quiere capacitarse en evangelismo personal. Todos quieren escenario, micrófono, luces, efectos especiales, equipos de sonido, televisión y grandes pantallas. Los temas de predicación ya no hablan de santidad sino de autorrealización, logro de metas personales, prosperidad, liderazgo y política. Hoy es anormal encontrarse con una iglesia que se dedique a la evangelización y el discipulado personal.

Pero sabemos que la Iglesia del Señor tendrá que volver por las sendas del discipulado y la evangelización personal si quiere recuperar su fortaleza y su carácter multiplicador.

CAPÍTULO 5

PRIMEROS ALBORES DE EVANGELISMO EXPLOSIVO EN COLOMBIA (1982)

Rev. Robert Searing

El relato empieza con el viaje del pastor George Hall con su esposa Miriem, a Fort Lauderdale, Florida. Ellos tomaron vacaciones en el mes de marzo para escapar del frío de Buffalo, Nueva York por unos quince días. Estando allí, el primer domingo decidieron visitar la iglesia de Coral Ridge. Después del culto, el pastor Hall tuvo la oportunidad de hablar con el Dr. Kennedy. En la charla el Dr. Kennedy le mencionó su libro *Evangelism Explosion*, que acababa de publicar.

El Rev. Hall compró una copia del libro y durante la semana, por las noches, él y su esposa leyeron el libro. Les impactó tanto que el pastor decidió regresar el próximo domingo y compró dos copias más, las cuales él, al llegar a la iglesia en Buffalo, me regaló uno a mí (Robert Searing) y el otro a otro anciano de la iglesia, con el comentario, "Léalo. Si les parece que nos ayudará en la iglesia, con nuestras esposas podremos aprender el método y usarlo en nuestra iglesia."

El resultado fue impactante. Empezamos los seis, los estudios, capítulo por capítulo. Antes de terminar el libro, mi esposa Margarita junto con Miriem, haciendo una visita a una señora de descendencia italiana, la llevaron a los pies del Señor. Ella fue el primer resultado de Evangelismo Explosivo en nuestra iglesia. Dentro de cuatro meses, yo con Margarita entrenamos a unos seis jóvenes de nuestro grupo juvenil y empezó un crecimiento inusual en nuestra iglesia. Descubrimos el valor de esta manera de evangelizar. Cuando empezamos a usar Evangelismo Explosivo en nuestra iglesia en Buffalo, teníamos una asistencia de 25 personas. Cuando salimos de la iglesia para regresar a trabajar con la Alianza Cristiana y Misionera, la asistencia ya llegaba a los 400. Hoy esta iglesia tiene una asistencia de 1,500 y hay unos 300 que han sido entrenados en el ministerio de Evangelismo Explosivo.

En agosto de 1982 Margarita y yo volvimos a trabajar con la Alianza Cristiana y Misionera como misioneros asignados a ayudar a plantar una nueva iglesia en la ciudad de Bogotá. Antes de salir de los Estados Unidos, yo había escrito a la sede de Evangelismo Explosivo en Fort Lauderdale, pidiendo el libro en español. Me avisaron que estaba en proceso de traducción. Margarita y yo esperábamos el libro en español con ansiedad porque estábamos seguros que iba a ser de gran ayuda en la plantación de nuestra nueva iglesia El Encuentro.

Compartí con varios pastores colombianos y unos misioneros de la utilidad que era este entrenamiento. Hablé de las clínicas de entrenamiento que se estaban llevando a cabo en la iglesia de Coral Ridge en Fort Lauderdale y los resultados que habíamos visto en nuestra iglesia en Búffalo, Nueva York. Para los pastores colombianos la idea de entrenar personas de la iglesia y visitar la gente les cayó muy bien. Ya no tendrían que depender únicamente de campañas evangelísticas. Cuatro de los pastores colombianos se interesaron mucho en leer el libro del Dr. Kennedy y recibir este entrenamiento. Cartas empezaron a volar entre Bogotá y Fort Lauderdale. Recibimos la noticia que el libro ya estaba en español. Esta noticia les aumentó el deseo de tomar la clínica. En estos días también llegó de la oficina de Evangelismo Explosivo una carta avisándonos que ellos estarían dispuestos a cubrir los gastos de la clínica de evangelismo y la estadía de los cuatro si ellos cubrían sus propios gastos de viaje. Los cuatro pastores no tardaron en presentar sus pasaportes para conseguir la visa de la Embajada Americana y presentar a familiares y sus iglesias esta nueva oportunidad para recibir entrenamiento en Evangelismo Explosivo. Los cuatro consiguieron visas, compraron pasajes a Miami, y viajaron a recibir el entrenamiento. Les fue algo difícil, por su poco entendimiento de inglés, pero salieron por encima de los problemas e hicieron bien en la clínica.

Al regreso de los cuatro pastores a Bogotá, tuvimos reuniones y se acordó formar un grupo para empezar a trabajar en nuestras iglesias: El Encuentro, recién plantado con 50 creyentes, Puente Largo con 200 creyentes, Tabernáculo de la Fe con 250 creyentes y la iglesia del sur de Bogotá con 100 creyentes. Empezamos a orar pidiendo a Dios que primero: supla la necesidad de materiales en español, implicando la necesidad de producir los materiales en Colombia. Hicimos un pedido de ayuda a Visión Mundial para poder imprimir los materiales – el libro *Evangelismo*. Dios contestó y Visión Mundial nos dio $23,000 dólares para imprimir *Evangelismo Explosivo* (por el Dr. D. James Kennedy) y los demás materiales de seguimiento.

Empezamos a hacer planes para llevar a cabo la primera clínica de entrenamiento en la iglesia El Encuentro en 1983. El Dr. Woody Lajara, vicepresidente de Evangelismo Explosivo, ofreció venir y dirigir esta primera clínica en Colombia. Tuvimos que cambiar un poco el formato de las salidas por la falta de personas ya entrenadas pero esto fue superado con los ya entrenados saliendo por la tarde y por la noche para poder cumplir con las tres salidas requeridas por la clínica. Tuvimos 72 estudiantes incluyendo pastores colombianos de Bogotá, misioneros, y unos pocos líderes de tres iglesias que estaban participando en este esfuerzo. El resultado fue tan fructífero en esta clínica que pasado esta primera clínica, llegaron pastores, misioneros y líderes colombianos haciendo cola para ser parte de la próxima clínica. Más de cien personas se entregaron a Cristo en las tres tardes y noches de visitación.

La llama de evangelismo fue prendido por el Espíritu de Dios y en próximos años vimos este ministerio crecer y llegar a otras ciudades de Colombia – cuatro iglesias en Bogotá – El Encuentro, Puente Largo, la Iglesia Filadelfia , y La Cruzada Cristiana se encargaron de levantar la llama de Evangelismo Explosivo. Otras iglesias de otras ciudades se ofrecieron y se llevaron a cabo clínicas en Ibagué, Tolima, Santa Marta, Cartagena, Barranquilla en la costa del norte, y en la isla de San Andrés en el Caribe. Pasó la frontera y Evangelismo Explosivo fue plantado en Quito y Guayaquil en el Ecuador, y Caracas, Venezuela. Después llegó hasta Costa Rica, Perú y Bolivia por medio de pastores y misioneros de Colombia.

Aquí siguen algunos relatos de lo que sucedió cuando el Espíritu Santo tocó corazones y cambió vidas por medio de E. E.

Bogotá: Cuando Margarita y yo regresamos de los Estados Unidos después de un año de ministerio, promoviendo misiones en las iglesias de la Alianza cristiana y Misionera, comenzamos el discipulado de un matrimonio que se había entregado al Señor Jesucristo con nosotros solamente unos días antes de nuestra salida para los E.E.UU. Él era el jefe químico de Coca Cola de Colombia y ella en ese tiempo era la Secretaria de Salud Pública del gobierno colombiano. Ambos eran de la alta sociedad de Bogotá. Empezamos estudios bíblicos con ellos en nuestra casa. Dentro de unas semanas, tuvimos el privilegio de llevar a los pies del Señor otro matrimonio. El era un consejero económico para el presidente de Colombia. Los dos matrimonios pidieron ser entrenados en Evangelismo Explosivo. Ellos se hicieron amigos no solamente de nosotros sino con todos en la iglesia. Dentro de un año los dos matrimonios estaban trabajando en Evangelismo Explosivo como líderes y enseñando a otros en el ministerio de Evangelismo Explosivo. Esto siguió por unos dos años. Un día Eduardo nos llamó (el químico de Coca Cola) para avisarnos que había sido nombrado para dirigir la compañía de Coca Cola en Asia y su sede iba a ser Hong Kong. Eduardo me preguntó si se usaba Evangelismo Explosivo allá. Yo le dije que yo averiguaba si las iglesias en Hong Kong lo usaban y si lo usaban en chino o inglés.

Unos días después recibí la noticia de un misionero amigo en Hong Kong que sí estaban usando E. E. y era en inglés. Entonces Eduardo y Astrid me pidieron que les repasara E. E., pero en inglés para poder usarlo en Hong Kong. Dedicamos dos días de 12 horas cada día repasando los versículos, las ilustraciones, y toda la presentación en inglés. Eduardo salía primero, para poder conocer su trabajo y todo lo relacionado con lo de Coca Cola, conseguir apartamento, muebles, etc. Eduardo llamó a Astrid el día después de llegar y le contó como hermanos de una iglesia de la Alianza le habían recibido en el aeropuerto, habían arreglado con el encargado de Coca Cola que le estaba esperando, para llevarle al hotel donde iba a hospedarse por unas semanas, y le llevaron esa misma noche hacer una visita de E.E. Como después relató Eduardo, "Llegué corriendo." Y todos en la Iglesia del Encuentro recordamos lo que dijo Eduardo en su despedida en el último culto antes de ir a Hong Kong. "Coca Cola paga mi salario, pero voy como siervo de Jesucristo."

Este relato no termina allí. Años más tarde, en la reunión en Fort Lauderdale, para celebrar haber alcanzado plantar equipos de Evangelismo Explosivo en todas las naciones, me tocó llevar la bandera de Colombia en la procesión de entrada. Después de terminar el culto se me acercó una señora joven y me preguntó, "¿Es usted Roberto Searing?" Yo dije, "Sí." Ella enseguida me preguntó, "¿Eres el Roberto Searing que llevó a Eduardo y Astrid a conocer a Cristo?" Yo le respondí, "Si soy, ¿Por qué me preguntas?" Ella me respondió, "Porque soy una de tus nietas espirituales. Eduardo y Astrid me llevaron a conocer a Cristo cuando yo trabajaba como empleada de ellos en su apartamento en Hong Kong. Después cuando regresé a las Islas Filipinas, conocí un marinero de la fuerza naval de los Estados Unidos y nos casamos y ahora vivimos aquí en Fort Lauderdale y somos parte de esta iglesia. No solamente esto sino que en Manila hay una iglesia que se llama Iglesia Aliancista de Hong Kong por las muchas muchachas de servicio que Astrid y Eduardo llevaron a conocer a Cristo en Hong Kong." Gloria a Dios por su fidelidad en Su servicio.

Pero la historia no termina allí. Después Eduardo y Astrid fueron trasladados a la Ciudad de México por Coca Cola. Allí ayudaron a la Alianza fundar otras iglesias. Después Eduardo fue nombrado uno de los vice presidentes de Coca Cola y fue trasladado a Atlanta, Georgia. Allí Astrid fundó una asociación para ayudar a mujeres solteras embarazadas dar a luz en vez de conseguir un aborto. Muchas de ellas conocieron al Señor por este ministerio.

Ahora algo en cuanto de la otra pareja que estudió junto con Eduardo y Astrid. Como dije, Mario era Consejero de Economía para el Presidente de Colombia. Cuando hubo cambio de presidentes, Mario y Estela regresaron a Pereira de donde eran oriundos, a trabajar en la Universidad de Pereira. Empezaron a asistir a la Iglesia Presbiteriana Cumberland que quedaba a pocas cuadras de su casa y los dos empezaron a ayudar en la iglesia. Mario, por haber sido consejero del presidente, por ser profesor y por ser parte de una familia militar, era muy conocido en la ciudad.

Empezó a compartir el evangelio usando Evangelismo Explosivo, pero se dio cuenta que era necesario discipular estos nuevos creyentes antes de sugerir que empezaran a ir a una iglesia evangélica. Como la sala de su apartamento solo tenía lugar para unas 15 personas, cuando llegó a tener 13 personas que se habían entregado a Cristo, el y Estela les invitaron a venir semanalmente a su hogar para ser discipulados en la Palabra de Dios. Ya han pasado más de 20 años y todavía Mario y Estelita siguen el mismo ritmo. Hace unos años visité a ellos en Pereira. Participé en el grupo de 13 del momento. Fui invitado a predicar en la Iglesia Presbiteriana donde yo había predicado cuando estaba de misionero en Colombia en la década de los '90. ¡Qué diferencia! En

1996 hubo como unas 200 personas en el culto. En 2008 cuando visité, tuve que dar el mismo mensaje tres veces, cada servicio copado de gente. El pastor titular, que era buen amigo de muchos años me bromeó, "Tú tienes la culpa de lo que ha pasado. La mayoría de estos nuevos creyentes son el producto de lo que Dios ha hecho por medio de Mario y Estelita. Y no solamente nuestra iglesia; muchas de las iglesias evangélicas de la ciudad han sido afectas por la obra de esta pareja."

Cuando llegó Mario y Estelita ese día a la iglesia para el segundo culto, él me preguntó: "¿Conoció al que estaba repartiendo los programas del culto?" Yo le contesté: "No, él me entregó un programa y quedó entregando programas en la puerta de la iglesia." Mario me dijo, "El es el Gobernador del Departamento del Quindío. Hace unos meses conoció el evangelio en uno de nuestros grupos de 13." Dios sigue trabajando por medio del Espíritu. A Él sea la gloria.

Pasó algo interesante en Bogotá. En el año 1993, un equipo de Evangelismo Explosivo de nuestra iglesia El Encuentro visitó el hogar de una señora viuda que era Testigo de Jehová, que había pedido una visita por haber visto el cambio en la vida de una vecina de su barrio. Ella se entregó a Cristo y me pidieron que yo sea su mentor para explicarle bien donde los Testigos habían torcido la Palabra de Dios. Yo pude ayudarle a conocer mejor la Palabra de Dios y ella se incorporó al grupo que estaban recibiendo el entrenamiento de E.E.

Margarita y yo nos fuimos para nuestro año de visitar iglesias en los Estados Unidos y cuando regresamos, un domingo me encontré con esta señora viuda con un grupo grande de su familia. Ella me presentó y durante la charla con ellos, que se extendió por un buen rato, descubrí que todos habían sido Testigos de Jehová, pero ella con su conocimiento de la Palabra de Dios y su entrenamiento en E. E., y llena del Espíritu Santo, había podido llevar a 21 de su familia del error de los Testigos a la verdad de Cristo. E.E. funciona muy bien en familia en Latinoamérica y hemos visto que la familia, al ver el cambio en la vida de la primera persona que se entrega a Cristo, dentro de poco tiempo se ve que la familia entera se entrega al Señor.

Tal vez la Clínica más impactante para mí fue la que se llevó a cabo en las Islas San Andrés y Providencia. El equipo de los que iban a enseñar en la Clínica llegamos a la isla de San Andrés sin novedad. El equipo fue compuesto del Dr. Woody Lajara, el Rvdo. Ray Castro y su esposa de California, el misionero Bautista que en ese tiempo vivía en la isla, y yo (Roberto Searing). El pastor Stevens y otros de la isla nos llevaron a conocer un poco de la isla y visitamos el lugar que habían alquilado para la Clínica. Todo estaba en orden. La primera reunión estaba arreglado para las dos de la tarde. Teníamos unos 30 pastores y líderes de las iglesias de las dos islas.

En el momento de empezar, cuando prendimos el retroproyector, oímos unos sonidos como los de tronantes grandes y se fue la luz. No sabíamos en ese momento lo que había pasado pero dentro de pocos minutos, oímos de la gente fuera del lugar donde estábamos reunidos lo que había sucedido. Fue un acto terrorista contra el presidente de Colombia, en el muelle donde estaba atracado un nuevo barco de guerra de la Fuerza Naval de Colombia. En el atentado también destruyeron los equipos de energía que surtían a toda la isla de electricidad.

El aula para la enseñanza ya no tenía energía eléctrica para usar el retroproyector, ni para el aire acondicionador. Dentro de poco tiempo el aula estuvo más caliente que estar afuera por el techo que era de metal. Decidimos seguir adelante a pesar de lo que había pasado. Teníamos la luz del día, pero las visitas por las noches iban a ser difíciles porque la isla tenía pocas calles con nombres; solamente caminos entre las palmas de coco. Algunos de la Iglesia Bautista fueron a las tiendas a comprar linternas y baterías y velas para usar por la noche. Solamente algunos hoteles tenían plantas eléctricas propias. Uno de los pastores dijo, "Parece que el diablo no quiere que llevemos a cabo esta clínica." Pero Dios, el Espíritu Santo, es mucho más poderoso que el diablo y todos sus demonios.

Las clases de entrenamiento siguieron adelante – aprendiendo como presentar sus testimonios. Los pastores son los más difíciles para enseñar – casi siempre quieren tomar más tiempo de lo requerido. El aprendizaje de los versículos y las ilustraciones fueron mucho más fáciles. Para las prácticas, los ya entrenados llevaron a grupos pequeños afuera, bajo la sombra de las palmas donde había un poco de brisa para practicar las presentaciones. Unos de los entrenadores decidieron hacer visitas por la tarde antes de oscurecer el día. Otros buscaron niños de la vecindad para guiarles, para poder saber que camino alcanzar para llegar a las familias designadas para las visitas. La esposa del pastor Castro fue con otras mujeres a las playas y compartieron el evangelio allí.

Cada noche, después de la comida, los equipos se reunieron y salieron a hacer las visitas programadas de antemano. Los informes cada noche después de las visitas fueron muy alentadores con buenos resultados.

Una visita hecha por uno de los maestros fue muy especial. El con su equipo de dos pastores aprendices llegaron a una casa. La noche estaba muy oscura y en la casa no tenían ni una sola vela y el maestro no tenía linterna. Preguntó por la persona que había pedido la visita y oyó la respuesta en la oscuridad, "Aquí estoy escuchando." Empezó la presentación, haciendo las preguntas y recibiendo las respuestas del señor de la casa. Después de hacer toda la presentación, hizo la pregunta, "¿Quieres aceptar a Cristo como su Salvador y el Señor de su vida?" Oyó la respuesta "Sí." Y después oyó, "Yo también, y yo, yo, yo, yo, yo, yo, yo". Entonces el maestro preguntó, ¿Cuántos están aquí. El hombre de la casa contestó. "Yo, mi esposa y nuestros siete hijos."

La última noche, al terminar y revisar todas las decisiones, encontramos que 253 personas habían hecho profesión de fe en Jesucristo. La clínica había sido bendecida por Dios a pesar de todos los problemas por falta de luz y la incomodidad por falta de aire acondicionado. Unos meses después, recibimos en la sede en Bogotá una carta del pastor titular de la Iglesia Bautista de San Andrés que la iglesia tuvo un gran bautismo un domingo por la tarde y se habían bautizado unos 170 personas, la mayoría de las cuales, por sus testimonios, testificaron que llegaron a conocer a Cristo durante la clínica de Evangelismo Explosivo.

Los entrenados en E. E. en Colombia han mostrado mucha valentía yendo a lugares donde el misionero extranjero no podía ir y en algunos casos, fueron mujeres líderes que dictaron las clínicas en lugares donde estaban la FARC y los que producían la coca. Se llevaron a cabo clínicas en Muzo – centro de láminas de esmeraldas donde no había ningún control del gobierno. Otros equipos fueron al Departamento del Putumayo, donde la FARC, cuando bajaron de la avioneta que les había llevado a Puerto Asís, les cobraron un impuesto por el uso del aeropuerto, y para bajar y quedar en el pueblo, como que ellos eran el gobierno de esa ciudad. Pero no les molestaron en la clínica misma, que se llevó a cabo con un grupo de pastores y líderes de la región.

Sucedió algo muy especial en la Iglesia de la Cruzada Cristiana (al sur de Bogotá) que no solo impactó a muchas iglesias evangélicas en Colombia, sino que ha sido de bendición en otras partes del mundo.

La Iglesia de la Cruzada Cristiana del sur de Bogotá tomó en serio su ministerio de evangelizar usando E.E. Asignaron a un pastor de tiempo completo a responsabilizarse por el entrenamiento y trabajo de organizar los entrenados en E.E. y hacer las visitas.

Un hombre de un barrio muy al sur de Bogotá (dos horas de camino en bus) que se había entregado al Señor, pidió ser entrenado para poder evangelizar su barrio. El tenía una hija que estudiaba en cuarto de primaria en el colegio de la iglesia. Como su padre venía los martes para, primero ser entrenado, después llegando a ser entrenador, su hija estudiante los martes quedaba en la iglesia después de salir del colegio para regresar a casa con su padre. De la iglesia a la casa era dos horas de viajar en el bus.

Esta niña era muy "avispada" y escuchando las enseñanzas que recibía su padre, ella prontamente había aprendido todo el bosquejo de la presentación, con los versículos memorizados, las ilustraciones – es decir toda la presentación. Pero como en ese tiempo, de acuerdo con el reglamento de E.E., que solamente los mayores de 18 años podían ser entrenados, ella no recibió su diploma de E.E.

Pero Mónica, ya de unos 10 años, como tenía que viajar en el mismo bus todos los días para ir al colegio y regresar, empezó a pedir al Señor una oportunidad para compartir el evangelio con la gente que viajaba, desde su barrio hasta su trabajo en Bogotá. El Espíritu de Dios le dio la idea de cantar los coros y algunos himnos de la iglesia donde estudiaba y asistía a la escuela dominical. A los ocupantes del bus les cayó bien los cantos de Mónica y un día después de varias semanas de cantar en sus viajes, un pasajero le dijo, "¿No sabe algo más que los coros que son muy bonitos?" Entonces ella empezó a recitar versículos de la Biblia que ella había aprendido en la escuela dominical.

Por fin una tarde regresando del colegio, una persona dijo, "Mónica, "¿Para qué sirven todos estos cantos y los versículos que nos has recitado?" Ella respondió, "¿Me permites hacerte una pregunta?" El hombre respondió, "Por supuesto." Mónica le preguntó, "¿Si murieras hoy, estarías seguro de ir al cielo?" El hombre contestó, "Nadie puede estar seguro de ir al cielo." Otros pasajeros en el bus añadieron sus voces diciendo casi lo mismo.

Entonces Mónica respondió diciendo, "Entonces yo les tengo las mejores noticias en este mundo para ustedes. ¿Me permiten explicarles esta verdad?" Todos en el bus ya estaban muy atentos a lo que estaba sucediendo. Mónica entonces hizo una completa exposición de la presentación del evangelio sin dejar un versículo, ni una ilustración afuera. Terminó haciendo la pregunta, "¿Quiere usted entregar su vida a Jesucristo y recibir el regalo de la vida eterna?"

El chofer, que había estado escuchando toda la presentación, frenó al bus bruscamente y gritó, "Yo quiero entregar mi vida a Jesús." Y otras 15 personas en el bus dijeron lo mismo. Mónica entonces les pidió que se arrodillaran en el bus y ella los dirigió en la oración de entrega a Jesucristo.

Al bajar del bus, unos le preguntaron, "¿Dónde podemos ir para aprender más sobre la Palabra de Dios? Porque aquí en nuestro barrio no hay una iglesia." Mónica respondió, "Bueno, tenemos cada noche después de cenar un tiempo de leer la Biblia y orar. Yo creo que mi padre aceptaría que puedan venir a nuestra casa."

Unas semanas después, un domingo, el padre de Mónica se acercó al pastor del ministerio de Evangelismo Explosivo. Le habló pidiendo que le ayudara porque ya cada noche estaban llegando a su casa hasta 50 personas para participar en la lectura de la Palabra de Dios y la oración. Hoy en ese barrio hay una iglesia de la Cruzada Cristiana con su propio edificio y una asistencia los domingos con más de 500 personas. Y todo porque una niña de 10 años compartió el evangelio en el bus regresando a su casa después del estudio escolar.

Cuando esto llegó a oídos de la sede de Evangelismo Explosivo en los Estados Unidos, hicieron una pregunta, "¿Cómo fue posible que una niña de diez años fuera entrenada?" Por qué no se permite entrenar personas de menos de 18 años de edad. La sede envió al vicepresidente de E.E. en los Estados Unidos para comprobar lo que Mónica había hecho. El resultado fue positivo y empezamos la preparación de un manual especial para preparar a niños a compartir el evangelio usando como base la presentación de E.E. Colombia fue el primer país donde hicimos el primer manual para enseñar a niños para que pudiesen presentar el evangelio.

Ahora E.E. para niños está siendo usado en muchas naciones del mundo. Hay una señorita misionera en las Islas de Indonesia que ya ha fundada tres iglesias, alcanzando primero a los niños en las calles de la ciudad y después a los padres que, oyendo el evangelio de sus hijos, se han entregado a Cristo.

Ahora quiero contarles de Libardo y Solangel Barrios, y de la obra de E.E. en la Iglesia El Encuentro de Bogotá, Colombia, lo que Dios el Espíritu Santo hizo en ellos y por ellos.

Un día Margarita y yo recibimos una llamada telefónica de una señora que estaban siendo entrenada en el ministerio de Evangelismo Explosivo. Ella pidió que habláramos con un matrimonio que eran amigos de ella. Aceptamos el pedido y acordamos un día y hora para hacer una visita a su casa. El hombre de la casa, Libardo, era una persona con experiencia en contabilidad y manejaba las cuentas de varias empresas muy reconocidas en Colombia. El y su esposa nos abrieron la puerta de su hogar y esa noche Libardo se entregó a Cristo. Su esposa Solangel ya lo había hecho con la amiga que nos había pedido hacer la visita. Comenzó una amistad que sigue hasta el día de hoy. Dentro de poco tiempo fueron bautizados y entraron al grupo que estaba siendo entrenado en Evangelismo Explosivo.

Ellos dos se entregaron de todo corazón al ministerio de E.E. Después de un año de participar, Libardo y su esposa pidieron ser entrenados como maestros de entrenamiento. Tomaron todos los niveles de estudio que ofrecíamos en E.E (en Colombia ya teníamos seis niveles para entrenar la gente en la mejor manera posible) . Lo primero que hicieron Solangel y Libardo fue llevar a sus hijos al conocimiento de Cristo y ellos todos se entregaron a servir al Señor en la Iglesia del Encuentro en diferentes ministerios.

Un día Libardo nos pidió una cantidad bastante grande de materiales de E.E. Me dijo que él y su esposa iban a tomar unos "días" de "vacación" en Melgar donde tenían una casa de verano, cercano a la ciudad de Girardot. Entonces me dijo algo que me pareció un poco raro. Dijo que iba a visitar a las tres iglesias evangélicas en la ciudad de Girardot y hacer conocer a los pastores de esas iglesias del ministerio de E.E. No me comentó más. Pasaron unos tres meses y mi asistente en la oficina de E.E. me había comentado que Libardo había venido unas tres veces durante los tres meses para conseguir más material – evangelios de Juan, Nuevos Testamentos, algunas Biblias, y más de mil tratados de presentación de E.E.

Un domingo llegaron Libardo y Solangel a la Iglesia del Encuentro con un gozo increíble. Empezaron a decir a todo el mundo cuan especial había sido su "vacación". El lunes aparecieron Libardo y Solangel en la oficina y me dieron las noticias de lo que Dios había hecho en esos tres meses de "vacación".

Libardo me entregó una lista de más de 700 personas que habían hecho profesión de fe en Jesucristo. También me dijo que los tres pastores de las iglesias evangélicas en Girardot iban a venir a Bogota para hablar con nosotros porque no tenían gente suficiente preparada para discipular a tantos nuevos creyentes. Libardo me presentó la idea de pedir a algunos de los miembros entrenados en E.E. en nuestra Iglesia El Encuentro, de ir a Melgar y Girardot cada semana para dar clases sobre la vida cristiana. Cuando los pastores llegaron ya teníamos listos seis equipos de tres personas en cada equipo para enseñar. Estos seis equipos cumplieron con lo prometido. Las tres iglesias dieron posada y alimentación a los creyentes.

El ministerio a las iglesias en Girardot siguió hasta ver los nuevos creyentes bautizados en sus iglesias. No solamente eso sino también los tres pastores fueron enviados por sus iglesias para participar y ser entrenados en E.E. En una ocasión cuando Margarita y yo fuimos a Melgar, Libardo nos llevó en su automóvil para conocer donde quedaban las iglesias y él nos hizo notar que las tres iglesias tuvieron que ampliar su iglesia por el crecimiento. Todo hecho por un matrimonio que tomó en serio el mandato de llevar el evangelio a su "Samaria".

Cuando llegó el tiempo de jubilarnos, pude entregar la dirección de Evangelismo Explosivo a Libardo Barrios. El hermano Pablo Méndez ha sido Presidente de la Junta que dirige E.E. por todos estos años desde que fue parte de los primeros cuatro que fueron a Miami, Florida para ser entrenados en E.E.

ECUADOR

También debo escribir sobre lo que Dios hizo por medio de E.E. en el Ecuador. Ya en 1985 empezamos mi esposa y yo a ir una vez al año a enseñar E.E. en una clínica en la Iglesia El Batán de la Alianza Cristiana y Misionera en Quito, Ecuador. Dentro de un año tuvimos que añadir la Iglesia de las Asambleas de Dios en Guayaquil, Ecuador. Usando esas dos iglesias se han podido entrenar centenares de pastores y líderes en E.E. Los dos encargados en el Ecuador ahora son La Sra. Irma de Maya y el Sr. Carlos Varela. El también fue el que acompañó a mi hijo Marcos Searing a llevar a cabo la primera clínica en Chiclayo, Perú and la Iglesia de la Alianza Cristiana y Misionera.

Margarita y yo, por varios años (con la bendición de la AC&M de la sede en los Estados Unidos y de la Misión de la AC&M en Colombia) ministramos en E.E. por tres meses cada año en el Ecuador. Una nota chistosa: En una ocasión, bajando por la carretera de Quito a Guayaquil en nuestro carro que tenía placas colombianas, fuimos dirigidos por un policía vial por una carretera que no conocíamos. El policía, viendo nuestra placa colombiana, creyó que éramos parte de una competencia de carros en la competencia de la Vuelta al Ecuador. Tenían en el camino una estación de comida y gasolina para los concursantes y allí descubrieron que nosotros no éramos de la competencia. Después de hacernos esperar casi dos horas para que pasaran todos los carros de la competencia, nos dejaron seguir nuestro camino. Como eso nos atrasó para llegar a Guayaquil para una reunión de planeación con los directivos de E.E. en Guayaquil, yo puse mi pie muy fuerte sobre el pedal de la gasolina. Pasé a varios carros de la competencia, unos varados y otros andando un poco despacio. Cuando llegamos a Guayaquil un poco tarde por los problemas de la competencia, todos en la reunión se rieron de lo sucedido. El resto del tiempo, visitando iglesias en el sur del Ecuador, tuvimos cuidado de no viajar en los días de la competencia en esa región del país.

COSTA RICA

En el año 1985 Dios nos permitió llevar a cabo la primera Clínica de E.E. en la nación de Costa Rica. Tuvimos 21 pastores costaricenses en esa primera clínica en la ciudad de San José en la sede del Instituto Bíblico de las Asambleas de Dios. Mi hijo Marcos estaba con su esposa estudiando español en el Instituto de Lenguas en San José y como ambos eran entrenados en E.E., pude aprovechar su ayuda en la ensenanza de E.E. Como la mayoría de los pastores eran de la ciudad de San José, pude tomar más tiempo y dar más énfasis en el manejo de la presentación del bosquejo y añadir más salidas por las noches para asegurar que cada pastor tuviera la oportunidad de hacer la presentación del evangelio.

Terminé mi trabajo a fines del año 1999 en Colombia, entregando la dirección del trabajo en Colombia al Sr. Libardo Barrios. Marcos Searing, mi hijo, se responsabilizó por el trabajo en el Ecuador y un pastor de las Asambleas de Dios asumió la responsabilidad en Costa Rica.

CAPÍTULO 6

HISTORIA Y DESARROLLO DEL MINISTERIO DE EVANGELISMO EXPLOSIVO EN MÉXICO (1981)

Ing. Nahúm y Cristina Vega

El Ministerio de Evangelismo Explosivo en México inició en el año 1981 después de que algunos pastores y líderes de México fuimos invitados por el Dr. Cecilio Lajara, como Vice-Presidente de E.E. en América Latina, para tomar una Clínica de Evangelismo Explosivo en la ciudad de Fresno, California.

Personalmente hablando, esta Clínica fue de grande impacto en mi vida personal. En uno de los entrenamientos que se llevó a cabo durante la Clínica, después de que el entrenador de nuestro equipo, el Pastor Ray Castro, hizo una oración antes de salir de la iglesia y le pidió al Señor una cita divina, llegamos a cierto lugar en una zona de la ciudad de Fresno. Nos pidió que bajáramos del automóvil en que nos transportaba, no sin antes orar pidiendo nuevamente una cita divina. Pasamos unas casas observando si había personas dentro de la casa. De pronto vimos a un joven en la sala de su casa y el pastor Ray Castro llamó a la puerta. Salió el joven y una vez que nos presentamos le pedimos permiso de entrar a su casa para una breve conversación, el joven accedió y vimos como nuestro entrenador hizo una presentación del Evangelio, breve y concisa conforme a la enseñanza que habíamos recibido en la Clínica. Aquel joven aceptó y recibió el regalo de la vida eterna.

Se le invitó a participar en el grupo de jóvenes de la iglesia, lo cual aceptó y agradeció que le hubiéramos visitado pues en esa tarde tenía que decidir si se involucraba en un grupo delictivo. Fuimos testigos cuando su teléfono llamó y él contestó informando a la persona que definitivamente no contaran con él. Esto fue de gran impacto tanto para mí como para el otro líder que era parte también del equipo, pues vimos claramente como el Señor contestó la oración que habíamos hecho antes de la visita, pues fue verdaderamente una cita divina.

Una vez que regresamos a México, a nuestra iglesia "Centro Cristiano Juan 14:6" en Guadalajara, Jalisco, nos dimos a la tarea de implementar el ministerio de E.E. Adultos de acuerdo a las instrucciones recibidas en la clínica de Fresno, California. Después de entrenar y certificar a 26 personas miembros de la iglesia, aceptamos la invitación de parte del Dr. Cecilio Lajara para organizar la primera clínica de E.E. para pastores y líderes en México. Esta clínica se llevó a cabo en el mes de septiembre de 1983.

Asistieron 44 pastores de diferentes iglesias de México incluyendo un pastor de Costa Rica, un líder de Puerto Rico y un pastor de Ecuador. Durante esta primera clínica de Evangelismo Explosivo en México, en los tres días de entrenamiento práctico se presentó el Evangelio a 184 personas de las cuales 97 recibieron el regalo de la vida eterna. Después de la clínica, a estas personas que hicieron profesión de fe, se les practicó el discipulado inicial y se les invitó a la iglesia a tomar una clase especial para nuevos creyentes.

En un año y medio vimos que la membresía de la iglesia creció. Después de esta experiencia la iglesia implementó oficialmente el Ministerio de Evangelismo Explosivo pero también el compromiso de ofrecer una clínica cada año y la oportunidad de que otras iglesias implementaran Evangelismo Explosivo en sus iglesias, con el propósito de equipar a todos los miembros de las iglesias para cumplir con la Gran Comisión.

A partir de 1984, anualmente se ofrecían clínicas de Evangelismo Explosivo en las ciudades de Guadalajara, Monterrey, Villahermosa, y así sucesivamente se fueron agregando otras ciudades. Fue así como el Ministerio de Evangelismo Explosivo quedó implementado en la

República Mexicana a través de las clínicas que se impartían cada año, entrenando pastores y líderes de iglesias de diferentes denominaciones para que ellos a su vez entrenaran a todos sus miembros. Pero no fue solamente en México, porque Dios nos permitió apoyar, a través de las clínicas, el ministerio de Evangelismo Explosivo en otros países de América Latina incluyendo Estados Unidos en el área hispana.

Han sido experiencias muy especiales donde hemos visto la mano de Dios ayudando y apoyando el ministerio de Evangelismo Explosivo en México. No ha sido fácil la tarea pero el Señor siempre ha estado a nuestro lado. Recuerdo muy bien una tarde que recibí una llamada del Dr. Cecilio Lajara, como Vice-Presidente de Evangelismo Explosivo en América Latina, invitándome para hacerme cargo del Ministerio de E.E. en México como Director Regional. Para ese tiempo había logrado combinar mi trabajo secular con el de la Iglesia. El trabajo secular que desempeñé por algunos años fue el de Controlador de Tráfico Aéreo, primeramente en el Aeropuerto de Ciudad de México y posteriormente en el Aeropuerto de Guadalajara, Jalisco.

Pedí al Dr. Lajara que me diera la oportunidad de orar, comentarlo con mi familia, con mi iglesia y me comprometí a llamarle para hacerle saber mi decisión, pues se trataba de servir al Señor de tiempo completo. Mi familia estuvo de acuerdo en apoyarme, pero tenía que renunciar al trabajo en la iglesia local pues tenía que estar viajando constantemente y también renunciar a mi trabajo en el Aeropuerto. Finalmente avisé al Dr. Lajara mi decisión para aceptar el cargo de Coordinador Regional, no sin antes pedir al Señor me confirmara este llamado.

Fue en la ciudad de Monterrey donde recibí la confirmación del Señor durante el tiempo de oración de la iglesia, antes de la clínica de Evangelismo Explosivo que estaba por dar inicio en la Iglesia Metodista La Trinidad. Cuando informé al Pastor de la Iglesia mi decisión de trabajar de tiempo completo en Evangelismo Explosivo, informé también a los pastores y líderes que estaban participando en esta clínica para que oraran por mí. Recibí por escrito palabras de apoyo que por falta de espacio no puedo mencionar a todos, sin embargo me permito mencionar algunos:

"Querido hermano Nahúm. Gracias al Señor por nuestra amistad y compañerismo en la obra de Dios. Continúa adelante sin desmayar, en el cielo te sorprenderás de lo que el Señor esta haciendo con tu vida.

Bueno… tal vez ya lo puedes ver. Mira lo que ha hecho con nosotros. Gracias mil por tu ayuda y amor en Cristo." Jorge Comesañas.

"Gracias a Dios por su bendición en estos seis días. Gracias, hermano, por su gran sacrificio que hizo para servir a Dios de tiempo completo. Yo puedo testificar que Dios tiene una recompensa grande, aún aquí en esta vida para usted y su familia. Estoy animado, esta clínica fue mucho más que yo esperaba. Muy bien organizado por usted y la Congregación de La Trinidad. Que Dios le bendiga a usted, a su familia y les supla todo lo que les haga falta. Con mucho respeto y cariño." Rev. Juan Marcos Funk

"Querido hermano Nahúm. Me da tanta alegría poder conocerle a usted más de cerca durante estos cuatro últimos días y sinceramente quiero agradecer a Dios por su vida tan valiosa, la de su esposa y sus hijos. Fue un grande deseo que vino a mi corazón el que me hizo venir a esta clínica y al estar cursando por ella me convencí que realmente Dios lo tenía preparado desde la eternidad. Durante diez años anhelé poder contar 'con mayor tiempo' para poder dedicarme a la obra del Señor y muchas veces me encontré con exámenes para mañana 'clases', 'trabajo', 'estudiar', etc. y me llegué a sentir amputada. Muchas veces compartí a Jesucristo sin tener los resultados que yo esperaba. A veces me frustraba, sin embargo Dios tenía desde la eternidad un grande propósito para mi vida y me permitió hace tres meses finalizar mi especialidad, quedando en la actualidad con tiempo completo en el servicio en la iglesia como esposa de pastor. Al venir a esta clínica lo hice con todo mi corazón sabiendo que iría a aprender mucho para entrenar a mis ovejitas que desean evangelizar y verdaderamente ha sido una refrescante bendición. Dios no solamente me ha equipado, animado, sino ministrado tremendamente a través de usted, del hermano Jorge Comesañas y de la iglesia de La Trinidad. Gracias a Él por sus vidas tan preciosas. Quiero decirle que voy a orar por usted para que Dios siempre le sostenga, pero recuerde que NUESTRO TRABAJO EN EL SEÑOR NO ES EN VANO. Dios le bendiga." Betty Rosas de Morán.

"Hermano Nahúm. Felicitaciones porque ha aceptado el reto que Dios le ha puesto en frente, y lo ha tomado. Puede decirle al Señor 'la obra que me diste que hiciera he hecho' y gracias porque nos ha dado la oportunidad de darnos confianza en esta tarea de evangelizar que está tan apagada. No es solo confianza, es convicción y sobre todo rapidez para no desperdiciar oportunidades. ¡Esto es grandioso! Poder evangelizar en un solo encuentro y en pocos minutos. Gracias por todo, que Dios lo siga usando con poder." Erinna Flores de Cantú.

"Hermano Nahúm, Dios le bendiga y le guarde. Gracias por compartir sus conocimientos conmigo y por las grandes palabras de aliento y ánimo que me ha dado. Espero que este grande ministerio y llamamiento que viene de parte de Dios siga adelante hasta que el mundo crea. Sepa que hemos orado en nuestro grupo de oración por usted y por el hermano Jorge y seguramente por las oposiciones que han venido, pero hemos salido adelante en esta clínica y seguiremos avanzando. Hermano Nahúm: Prosiga al premio del supremo llamamiento que es en Cristo Jesús. Vaya hacia la meta. Yo oraré por su vida, familia y ministerio. En el amor de Cristo." Lupita Ábrego

Así, pues, me comprometí con el Señor para trabajar de tiempo completo en el Ministerio de Evangelismo Explosivo Internacional. No obstante mis compañeros de trabajo y algunos hermanos de la iglesia me recomendaban no tomar esta decisión. Sin embargo, lo hice confiando en el Todo Poderoso que nos ha respaldado y nos ha sostenido siempre. El Señor me ha ayudado para desempeñar este ministerio, siempre ha estado conmigo para resolver los problemas que se presentaron, pero que Dios ha estado a nuestro lado siempre.

Recuerdo que fui invitado por el Rev. Jorge Comesañas (pastor de la Primera Iglesia Bautista de Coral Park en Miami), para ser Maestro de Clínica. Faltaba una semana para la clínica y el Maestro asignado a última hora avisó que no podría asistir. Así que fui invitado por el Pastor de esta iglesia y me di a la tarea de buscar vuelo para estar un día antes de la fecha de la clínica, pero no había lugar en los vuelos para Miami en esos días. Todo estaba ocupado, así que solo quedé en lista de espera. Estando en el Aeropuerto de Ciudad de México me encontré con un amigo que trabajaba en la compañía en que debía viajar. Él sabia que yo trabajé en el Centro de Control de Tráfico Aéreo. Habló con el Capitán de ese vuelo y se hicieron los arreglos para que yo pudiera viajar. De esta manera el Señor Dios Todo Poderoso me ayudó para estar a tiempo en esta Clínica de Evangelismo Explosivo en Miami.

Agradezco al Señor me haya permitido estar en esta clínica, con una muy agradable experiencia, pues 73 personas escucharon el Evangelio durante el entrenamiento práctico, de las cuales 52 hicieron profesión de fe, recibiendo a Cristo como su Salvador personal. Al terminar la clínica, una de las líderes participantes escribió un poema. Fue espontáneo y muy interesante, y si el espacio lo permite lo presentamos al final de esta reseña.

En 1993 se implementó en México Evangelismo Explosivo para Jóvenes. Este ministerio fue bien recibido entre las iglesias y se organizaron clínicas de E.E. para Jóvenes, por lo que al igual que el Ministerio de E.E. Adultos el Ministerio de E.E. Jóvenes se extendió rápidamente en las iglesias de diferentes estados de la República Mexicana a través de las clínicas de E.E. Jóvenes. Muchas iglesias han implementado este entrenamiento de Evangelismo y Discipulado con resultados muy grandes.

Personalmente me pareció muy buena la estrategia del evangelismo personal entre los jóvenes, principalmente porque se puede incluir en el plan a los adolescentes, pues E.E. Jóvenes es a partir de los 14 años. La estrategia es muy buena pues ellos visitan a sus amigos y a los amigos de sus amigos como una visita de cortesía de parte de la iglesia. En la conversación o charla que ellos tienen, presentan el Evangelio. Muchos jóvenes han sido ganados para Cristo y lo mas importante siguen el mismo plan de discipulado que tienen los adultos.

La primera semana para un recién convertido es la más crítica, por lo tanto la asistencia espiritual inmediata es muy importante. Una vez que se integran al grupo de jóvenes en la iglesia, al igual que en el plan de adultos, se les asignan compañeros de oración que se comprometen a orar y cuidar de ellos durante tres meses. En ese tiempo los jóvenes se afirman como miembros en la iglesia, igual como sucede con los adultos en el plan de Evangelismo Explosivo Adultos que ellos practican de acuerdo a la estrategia de E.E. tal y como se enseña en el libro de texto del Dr. James Kennedy, autor y fundador del ministerio de Evangelismo Explosivo Internacional.

En 1997 el Ministerio de Evangelismo Explosivo cumplió en México 15 años ofreciendo clínicas en diferentes iglesias y estados de la República Mexicana, algunas iglesias ofreciendo clínicas anualmente tanto de E.E. Adultos como de E.E. Jóvenes. Un ejemplo de ello lo tenemos con la iglesia PIB Satélite del Estado de México, iglesia que desde un principio apoyó este ministerio en forma permanente y así muchas otras iglesias que simultáneamente ofrecían clínicas. También durante estos 15 años, periódicamente se ofrecían Seminarios para

Maestros de Clínica.

Los resultados de estos 15 años son los siguientes: Se llevaron a cabo 50 Clínicas, y en estas clínicas participaron 1,444 pastores y líderes. Las personas que escucharon el Evangelio durante las clínicas en el entrenamiento práctico fueron 5,224 de las cuales 3,601 hicieron profesión de fe. Se involucraron en el ministerio de E.E. 576 iglesias de diferentes denominaciones, contando además con 25 Maestros de Clínica, quienes nos apoyaban ya fuera Clínicas de adultos o de jóvenes.

En el año 2003 se celebró en México el 20 Aniversario de Evangelismo Explosivo. Dios nos permitió mantener el ministerio de E.E. en forma permanente y de buena calidad. Como país tenemos el privilegio de haber podido ser colaboradores de este ministerio también en los Estados Unidos (área hispana), y algunos países de Centro América, incluyendo Belice, Puerto Rico y Cuba.

Sí, esta celebración del 20 Aniversario de E.E. en México para nosotros ha sido muy especial. Damos gracias a Dios nuestro Señor por habernos sostenido. El siempre nos ha dicho: "No temas porque Yo estoy contigo… siempre te ayudaré, siempre te sustentaré con la diestra de mi justicia" (Isaías 41:10).

En los pasados 20 años el Señor nos ha concedido realizar en México 94 Clínicas, capacitando y entrenando a 2,503 Pastores y Líderes contando con la ayuda de Dios y con 25 Maestros de Clínica. De acuerdo con nuestras estadísticas los resultados son: 8,449 personas escucharon el Evangelio durante el entrenamiento práctico, de las cuales 5,767 recibieron a Jesucristo como su Señor y Salvador.

Se estima que en México más de 800 iglesias de diferentes denominaciones han sido representadas en estas 94 clínicas y más de 10,000 laicos en sus congregaciones han sido equipados con la herramienta de Evangelismo Personal para testificar como Estilo de Vida.

Como resultado de este trabajo hemos visto en muchas iglesias el incremento en el número de miembros. Algunas iglesias han podido ampliar sus instalaciones, otras han podido establecer dos o mas cultos dominicales, otras iglesias han establecido células como resultado del crecimiento de sus miembros. Pero lo más importante es que mucha gente ha recibido a Cristo como su Salvador personal. Hemos visto también que muchos miembros de las iglesias no son entrenadores, es decir no entrenan a otros miembros pero hacen del evangelismo y discipulado un estilo de vida.

También Dios nos ha permitido llevar a cabo Talleres de Manos a la Obra, donde los miembros de la iglesia aprender a compartir el Evangelio como estilo de vida usando los cinco dedos de la mano. Estos Talleres se llevan a cabo cualquier día de la semana, en ocho horas y también se enseña teoría y práctica. Siempre el Señor dará la oportunidad de compartir el Evangelio, tenemos una infinidad de testimonios y experiencias que el Señor nos ha dado, imposible de mencionar todos los testimonios porque no tenemos suficiente capacidad de publicación en este libro, sin embargo muchos han sido citas divinas y que por lo menos puedo mencionar una.

Terminando un servicio dominical al cual amablemente el pastor de la iglesia me había invitado a predicar, estaba por terminar la predicación cuando observé que un joven entró al templo y se sentó en uno de los lugares vacíos atrás del auditorio. Al terminar el servicio uno de los ujieres me dijo que un joven quería hablar conmigo. Fui a la parte de atrás del templo pero el joven ya se había salido. Salí a buscarlo. Cuando me vio pidió desesperado le ayudara. Antes que nada le pregunté por su nombre pues estaba muy desalineado, con su ropa muy sucia y con un aspecto muy raro. Pregunté por su nombre esperando en el Señor que su respuesta no fuera "legión". Él respondió y me dijo Alfredo y nuevamente me pidió que lo ayudara. Le dije "Alfredo, no te puedo ayudar pero conozco a alguien que sí te puede ayudar. Se llama JESÚS." Le presenté el Evangelio con la estrategia de E.E. pidiendo al Señor tocara su corazón. Le guié en una breve oración, pidió perdón por sus pecados y recibió a Cristo como su salvador personal. Su rostro cambió, su mirada desesperada también y lo invité para asistir a esa iglesia para su crecimiento espiritual.

Esta fue una cita divina. Al siguiente día por la tarde, estaban por llevarme a la Central de Autobuses para regresar a Guadalajara, cuando entró uno de los asistentes del pastor y me dijo que un joven quería hablar conmigo. Salí para hablar con él, me impresionó y le dije "Alfredo ¿eres tu?" Estaba totalmente cambiado, peinado con su ropa limpia. Me saludó para darme las gracias. Le dije que le íbamos a dar las gracias al Señor Jesús pues fue Él quien había hecho el cambio en su vida. Lo presenté con el pastor de la iglesia y un tiempo después recibí un correo electrónico del pastor donde me dejaba saber que Alfredo estaba trabajando y ayudando en la limpieza y mantenimiento del Templo. Como este testimonio hay muchísimos de miembros de muchas iglesias que han implementado el ministerio de Evangelismo Explosivo.

Finalmente llega a México la estrategia tan esperada para trabajar con niños, el ministerio de E.E. Niños que involucra a niños y niñas entre las edades de 7 a 13 años. Para este nuevo Ministerio en México Dios le hace un llamado muy especial a mi esposa Cristina para involucrarse en esta área, he aquí su relatoría:

Evangelismo Explosivo Niños inicia con un llamado de parte de Dios para asumir una responsabilidad como Directora de E.E. Niños en México, justo en la 1ª Clínica de E.E. Niños internacional en español en el año 2002 desarrollada en Miami, Florida EUA.

En el 2003 se nos pidió realizar la 1ª Clínica de E.E. Niños piloto para América Latina, en la capacitación de cuatro días con la asistencia de 60 personas de diferentes Iglesias de México y una persona de Costa Rica para bendecir a su país.

México trabajó con Clínicas en varios estados con gran interés por las iglesias. En el 2004 tuvimos la 2ª Clínica en la Ciudad de México. Asistieron de Brownsville Texas, España y Perú. En estos lugares iniciaron el trabajar con E.E. Niños. En el mismo año, nos invitaron a dar una Clínica a Guatemala, capacitándose iglesias de algunos países de Centro América. En la experiencia que Dios me ha dado al dar capacitaciones de Líderes de niños y ver los resultados en los niños, la estrategia tiene el poder de Dios y Él mismo se manifestó tanto en las capacitaciones y cumpliendo los propósitos que Él tiene para cada asistente.

En el año 2005 tuve interés en leer el libro La Oración de Jabes e hice propia esta oración para mi vida. Poco tiempo después, Dios me dio una visión para América Latina. Me vi en el Océano Atlántico en un salvavidas y veía toda América Latina y la Península Ibérica. Fue hermosa la visión, pero no hay tiempo para comentarla ahora.

En el 2007 el Vicepresidente de E. E. de América Latina, Dr. Cecilio Lajara, me nombra Directora de E.E. Niños de América Latina. En el mismo año, el Señor me llevó a dar una Clínica E.E. Niños en Lima Perú para introducir el ministerio en el país.

A partir de 2007, el Señor abrió la oportunidad de viajar, y más países fueran capacitados y bendecidos para introducir E.E. Niños. Hice un viaje a Costa Rica y tambíen di un Seminario para maestros de Clínica de E.E. Niños para preparar maestros. En el 2008 viajé a Quito Ecuador para impartir Clínica de E.E. Niños e introducir el plan al país y un Seminario para Maestros.

En agosto del 2010 viajé a Cuba con visa religiosa para dar una Clínica E.E. Niños para las provincias de Cuba. Esta capacitación fue muy especial porque vi la mano de Dios que pude pasar con todo el material de entrenamiento y por primera vez se salió fuera de la iglesia a compartir el Evangelio, sin ninguna restricción y con fruto de mas de 100 niños y niñas ganados para Cristo. Después se enviaron a Cuba los archivos de Esperanza Para Niños para que ellos pudieran imprimir, porque no dieron permiso para introducir los libros por OneHope y hasta ahora no lo ha permitido el gobierno.

Pero el año 2008 fue clave para la visión de Dios a nivel global. En este año me invitaron a impartir una Clínica de E.E. Niños en Bogotá, Colombia. Ahí había cinco países representados: Colombia, Ecuador, Chile, Argentina y Venezuela. Dios se manifestó de una manera sorprendente y sobrenatural durante la teoría y práctica. Recibí un mensaje del Señor, era largo y maravilloso. Los puntos claves tenían que ver con el trabajo de E.E. Niños que se estaba realizando, y lo futuro. Menciono a continuación algunos.

- Confirmación de mi llamado.
- A Dios le agrada que hagamos el trabajo con amor y pasión.
- No preocuparse por el dinero, Él lo iba a dar todo.
- Hay fiesta permanente en el cielo por E.E. Niños.
- Puertas abiertas en América Latina para entrar y salir.

En abril del 2009, llega un "Proyecto Global de E.E. Niños en Alianza con OneHope" y la invitación para asistir el día 10 de mayo a una Conferencia Global en Wollongong, Australia, en donde estaban citados Directores de E.E. Niños de los cinco continentes. Inicialmente, la invitación era para México y Brasil. La persona de Brasil me ayudaría traduciendo al inglés durante la conferencia.

Oré al Señor presentando mi necesidad de una traductora de México. Finalmente, la persona de Brasil no pudo asistir y el Vicepresidente de E.E. de América Latina me comunicó que podía invitar a otra persona y pude ver la respuesta de Dios e invité a una traductora ex alumna para que me acompañara. Inicié a realizar los trámites, y a pesar de la oposición que se presentó (pues fue en el tiempo del brote de la influenza en México), Dios me concedió un milagro del trámite de visa en 24 horas para Australia, estando la Embajada cerrada. Dios ya tenía determinado su plan divino y el instrumento para América Latina.

Sabemos que Dios conoce los deseos de nuestro corazón, de aquellos que trabajamos en ministerios infantiles y los que hemos sido llamados por Él para su obra maravillosa, además del amor y carga que tenemos por los niños. Sabemos que Dios es el dueño del oro y de la plata y el Todopoderoso, y nuestro Padre Celestial al que le pedimos todo y nos da, mas abundantemente de lo que pedimos y que tiene el control de su obra redentora en el mundo.

Dios tiene un amor especial para los niños y ejecuta un plan divino y maravilloso que sólo Él lo puede hacer, de cristalizar una obra grande y maravillosa utilizando Evangelismo Explosivo Niños como la herramienta eficaz y poderosa de Dios para estos tiempos y OneHope (Una Esperanza) ministerio con el poder económico. La Alianza de dos Ministerios Internacionales: OneHope y Evangelismo Explosivo Niños, dando como resultado la estrategia llamada: "Esperanza Para Niños" para los últimos tiempos.

Hubo tres pasos para el proceso de ejecutar la Alianza de E.E. y OneHope:

1. Conferencia Global en Wollongong Australia de Directores y Directoras de E.E. Niños de los cinco Continentes, el Board de Evangelismo Explosivo Internacional y la plataforma Directiva a nivel Internacional de OneHope. Las Directoras de E.E. Niños trabajamos para rediseñar los nuevos libros, en base a lo que teníamos, en las condiciones y lineamientos de OneHope. Libro del Maestro y Libro de Actividades tipo revista a colores. El tercer libro Camino a la Esperanza o libro del Evangelio. La editora de OneHope, que también estaba presente, lo elaboró en base a la estrategia de E.E. Niños.

2. En agosto 2009 citaron en Fiji a los Directores de E.E. de las 213 naciones del mundo. Para darles a conocer el "Proyecto Esperanza Para Niños", los tres libros en inglés y los compromisos de la Alianza

E.E./OneHope.

3. En Marzo del 2010 estuvimos en Malasia en el Congreso de Naciones para formalizar metas de talleres, alcance de iglesias y cantidad de Trabajadores de Campo para aterrizar el "Proyecto de EPN Global".

Se nos entregaron los tres libros en inglés y el compromiso de la traducción a los diferentes idiomas. En 2010 se realizó la traducción al español en Guadalajara México y revisión de los tres libros. En este mismo año 2010 Se lleva a cabo la impresión de los tres libros por OneHope y se hace la solicitud de materiales por países de acuerdo a las metas ya establecidas.

Primera etapa del Proyecto Global de E.E. Niños

En lo que se refiere a América Latina, Dios dio el privilegio de realizar los primeros talleres con una agenda de tres días al igual de coordinar las metas de talleres y de materiales de los diferentes países y de iniciar el arranque del plan para América Latina. Los primeros talleres fueron en el 2010 en Buenos Aires, Argentina. Personas de Uruguay participaron y liderazgo nacional. El segundo taller fue en Santiago de Chile muy hermoso y con muy buena aceptación.

El tercer taller fue para capacitar al liderazgo de Trabajadores de Campo de E.E. de los diferentes países para aterrizar el Proyecto Esperanza Para Niños (EPN) para América Latina, países participantes: Costa Rica, Guatemala, México, Nicaragua, Argentina, República Dominicana, Chile, Colombia, El Salvador, Ecuador, Chile y España. Después de este taller, los países iniciaron los talleres de EPN en sus respectivos países.

A los países faltantes (como Venezuela) en el 2011 viajé a dictar un taller para representantes de 20 iglesias y otro en Panamá para proyección del plan en los dos países. Esperanza Para Niños es un proyecto global: En la primera etapa de tres años 2010-2012 alcanzar a 20 millones de niños con el Evangelio en el mundo.

Para lograr la meta: Desarrollar en 1980 talleres en: China, India, África, Euro Asia, Europa, América Latina, EUA y el Pacífico. Capacitar a 19,800 iglesias. Cada iglesia capacitaría a 100 niños, logrando 1,980,000 niños capacitados. Cada niño capacitado, comparta el evangelio con el libro de Camino a la Esperanza a 10 niños y casi 20 millones de niños reciban el regalo de vida eterna. En esta primera etapa se recibe apoyo económico, para los Trabajadores de Campo y para desarrollar los Talleres por parte del Ministerio de E.E.

Por parte de OneHope cada iglesia recibe materiales gratuitos para capacitar a 60 niños o 100 niños, y la disposición de materiales para todos los países sub desarrollados de los cinco continentes. Cada continente coadyuvó a la meta, con el compromiso de un seguimiento por parte de E.E. y OneHope de dar cuentas a los socios.

En la primera etapa del proyecto, Dios nos da la oportunidad de elaborar material de apoyo para los talleres: como CD y DVD de cantos interactivos y videos con la presentación del Evangelio. Estamos en el proceso de concluir CD y DVD de mopets del libro Camino a la Esperanza.

Ha sido una gran experiencia trabajar con el Ministerio de Esperanza Para Niños. Los resultados de los Talleres de Esperanza Para Niños (H4K) en México y América Latina son los siguientes:

166	Talleres de Esperanza Para Niños
4,562	Líderes Participantes
2,504	Iglesias participantes
10,376	Niños esucharon el Evangelio
8,028	Niños hicieron profesión de fe
822	Iglesias participantes
11,401	Niños capacitándose para compartir el Evangelio cada uno de ellos compartirá el Evangelio con 10 niños
114,010	Niños escucharán el Evangelio

Es impactante e impresionante ver como un niño o una niña de escasamente 8 o 9 años, una vez capacitados, comparten el Evangelio a otro niño con algún objeto que ellos llaman "tesoro" y lo conducen a recibir el regalo de la vida eterna y no solamente a otro niño, escuchamos la anécdota de una niña que llegó a su casa después de su clase de E.E. Niños con un maní en la mano y la abuelita le preguntó para que era el maní, la niña abrió el maní que previamente había preparado, sacó una pequeña tira con unos dibujos y le dijo: "¡Mira abuelita! Aquí dice que Jesús es Dios, que Él vino del cielo a la tierra, que vivió una vida perfecta, murió en la cruz, fue sepultado pero resucitó y ahora está en el cielo ofreciéndote el regalo de la vida eterna. Abuelita ¿te gustaría orar ahora y pedirle a Jesús que perdone tus pecados y te dé el regalo de la vida eterna?" La abuelita con lágrimas en sus ojos le dijo que sí. "Entonces, pon así tus manos y repite conmigo: 'Querido Jesús, perdona mis pecados y te recibo en mi corazón como mi Señor y Salvador. Amén.'" La abuelita, después de repetir la oración, abrazó a su nieta y el siguiente domingo estaba con su nieta y toda la familia en la iglesia. Hay muchas anécdotas pero no es posible mencionarlas todas.

Referente a las Clínicas E.E. Adultos y E.E. Jóvenes en México, a continuación informamos los resultados de estas Clínicas en el período comprendido de 1983 a 2012. Se llevaron a cabo 141 clínicas. De acuerdo a nuestras estadísticas participaron 5,531 pastores y líderes de diferentes iglesias y denominaciones en todos los estados de la República Mexicana. En los entrenamientos prácticos durante estas clínicas se les presentó el evangelio a 16,166 personas, de las cuales 12,302 recibieron a Cristo como su Salvador personal. El porcentaje de receptividad al Evangelio en México era de 76%.

Simultáneamente con el trabajo que se hizo en México en estos 30 años, Dios nos permitió apoyar a algunos países de Centro América como Guatemala, El Salvador, incluyendo Belice, también países como Puerto Rico, Cuba y Estados Unidos (Área hispana). Los resultados son: 25 Clínicas de Evangelismo Explosivo para Pastores y Líderes. El número de participantes en estas clínicas fueron 590 pastores y líderes. Se les presentó el Evangelio a 1,994 personas de las cuales 1,203 recibieron el regalo de la vida eterna.

Ha sido para nosotros una gran experiencia haber participado como instructores y entrenadores en estas Clínicas, dentro y fuera de México con una enorme satisfacción de haber servido, no a una organización, sino al Dios Todo Poderoso, Señor de Señores. Deseamos expresar nuestro agradecimiento, primeramente a Dios pero también, nuestro agradecimiento a Evangelismo Explosivo Internacional por habernos permitido trabajar y haber sido parte de este precioso Ministerio Internacional.

Nuestro agradecimiento a los pastores y líderes que hicieron posible la realización de las clínicas y Talleres en sus iglesias, a las iglesias que han sido fieles en su apoyo, tanto económico como de oración a favor del Ministerio de Evangelismo Explosivo en México. Expresamos también nuestro agradecimiento a los pastores y líderes que fueron parte del Concilio Nacional de Asesores, a todos los Maestros y Maestras de Clínica y Talleres, Trabajadores de Campo, Entrenadores locales y Entrenadores Misioneros. Reciban todos nuestro cariño y aprecio en Cristo Jesús. Nuestro agradecimiento al Dr. Cecilio Lajara que como Vice-Presidente de E.E. en América Latina supo dirigir el ministerio. Siempre recibimos su apoyo cuando más lo necesitamos.

Terminamos esta reseña con la Poesía de la hermana Betsaida Casanova al finalizar la clínica de E.E. en Miami – Primera Iglesia Bautista de Coral Park. – Mayo de 1990.

Queridos hermanos míos, esta es la última noche
que esta clínica se une para cerrar con un broche
Aquí estamos María, Raúl, Pedro. Rafael,
Ondina, Aquiles y Olga, José y Daniel.

Daniel Matos, Doug, Juanita, Betsaida, Alberto y Gerardo
Y por no olvidar a nadie también Gilberto y Fernando.
Todos hemos aprendido y sin ninguna excepción
pues esta clínica ha sido una hermosa bendición.

Yo en lo particular he sido muy bendecida,
y lo que mas me gustó, pues… ha sido la comida.
Fue excelente el banquete y muy rica la lasaña
y no habremos de olvidar las sopas de Comesañas.

A propósito de Jorge nos ha cantado hasta tango
y pasó toda la clínica pelando y comiendo mango.
Trabajando como hormiga dispuesta como un gendarme
pudimos ver siempre atenta a nuestra hermanita Carmen.

Y si Carmen era hormiga también hay una hormiguita
rápida, fiel y eficiente es nuestra hermana Nildita.
Irma y Luis son dos puntales que trabajan con ardor
y con solo su presencia irradian gozo y amor

Todo ha sido muy precioso, mas nos queda algo aún
y como ya todos saben es nuestro hermano Nahúm
¿Y quien ha sido Nahúm? No les hace falta foto
el ha sido de este avión entrenador y piloto.

Nos ha guiado en un vuelo alto hasta el más alto cielo.
Porque con cada palabra muestra del Señor el celo.
A todos gracias hermanos, a aquellos entrenadores
que con paciencia y amor son de almas ganadores.

A nuestro Dios muchas gracias por este plan efectivo
esta herramienta preciosa de Evangelismo Explosivo.
Y ahora para terminar nuestras almas todas juntas
¿Me permite usted hermano que le haga dos preguntas?

CAPÍTULO 7

EVANGELISMO EXPLOSIVO EN VENEZUELA (1980)

Rev. Valentín Vale

El principio.

Era el comienzo de la década de 1980. Fui invitado a una reunión de pastores en la iglesia libre Dios Admirable en la urbanización Las Mercedes en la gran ciudad de Caracas. Un desconocido, de nombre Cecilio Lajara, nos dio una charla sobre Evangelismo Explosivo. Tanto el hombre, como el nombre de la charla eran virtualmente extraños a nuestro entorno pastoral de aquel entonces. Yo ejercía el pastorado en la iglesia Centro Evangelístico de Caracas, en la avenida principal de Puente Hierro.

Para ese entonces Venezuela tendría unos 18 millones de habitantes. Caracas, la capital, una ciudad cosmopolita, con sus tres millones de habitantes se enfilaba a la cúspide del éxito. Era notable la gran mezcla de razas, y credos. La influencia europea y norteamericana se hacía sentir. En el país se practicaba una democracia representativa, aunque altamente centralizada para la toma de decisiones.

En lo que atañe a religión, según la constitución, había plena libertad de cultos; sin embargo, mas justo es decir que había "tolerancia de cultos". La religión oficial era la Católica Romana. Esto presuponía que cualquier persona nacida en territorio venezolano, automáticamente se situaba dentro del esquema de la iglesia oficial. La iglesia católica tildaba de "sectas" a las organizaciones evangélicas que laboraban en el país.

El total estimado de evangélicos practicantes, adultos, se situaba entre 700 a 800 mil. En el área metropolitana de Caracas la cifra estimada era de 60 mil a 80 mil. Como puede notarse, Venezuela era un campo misionero virgen, y Caracas requería de atención especial.

Dice el escritor venezolano Juan Liscano "Ya lo sabemos, América Latina no fue colonia, fue más bien una extensión territorial política de España, de una monarquía absolutista (católica) que quiso detener el curso de la historia cuando ésta se volcó en la Reforma Protestante, en el rechazo al poder del papa, en la revolución industrial, en la parcelación agraria y en las libertades parlamentarias. Nuestro estatismo latino es fruto de la heredad española, y la independencia no cambió ese signo de centralismo, dependencia, burocratización y paternalismo, donde todo depende del Estado y todo le pertenece, donde la iniciativa privada no puede crecer, sino a su sombra protectora e invasora".

Ese concepto tan pobre, de ser un pueblo de segunda, se ha entronizado en algunas mentes evangélicas, a tal punto que encontramos las siguientes prácticas en nuestras iglesias: El único que puede orar por un enfermo es el pastor (sacerdote). El es el intermediario entre Dios y la iglesia. O esta otra: la gente tiene que venir al templo para confesar sus pecados y así salvarse. Así también se dice que la responsabilidad del evangelismo y discipulado es del pastor y el liderazgo de la iglesia. Aún más, los esfuerzos "especiales" de evangelismo se hacen durante la Semana Santa, la Navidad, o durante "campañas".

Estas prácticas han cercenado la fluidez del mandato de Cristo de IR y HACER discípulos. La biblia nos enseña que cualquier persona nacida de nuevo en el evangelio puede orar por cualquier enfermo o necesidad de una persona. Asimismo, cualquiera puede ser salvo viajando en un taxi, debajo de un árbol, en una pradera si alguien le presenta el evangelio. Por supuesto que el templo es el sitio de reunión para juntos alabar a Dios. Estoy de acuerdo que las campañas evangelísticas son buenas. Pero, no hay mejor trabajo de evangelización que el de persona a persona.

Un asunto vivencial.

No pasó mucho tiempo para que yo recibiera una invitación formal a una "Clínica" de Evangelismo Explosivo en Rio Piedras, Puerto Rico. Me causaba inquietud estar "internado" en una clínica. Pero, me halagaba la idea para ir de compras a la bella isla de Puerto Rico con pasaje aéreo gratis.

Y así fue, en el verano de 1983, una veintena de pastores de todo Latinoamérica nos dimos cita en Puerto Rico. Las instalaciones de la Primera Iglesia Bautista de Rio Piedras reverberaba con las múltiples y diferentes culturas del continente. Su pastor principal Rev. Félix Castro, y su asistente Rev. José Calo Castro nos dieron una cordial bienvenida.

Adiós a las compras, adiós al turismo, Bienvenido Espíritu Santo a la realidad viviente del ministerio evangelizador. Dios nos tenia sorpresas extraordinarias que nunca las imaginamos.

Primero una metodología: Aprender el bosquejo de Memoria: (Gracia, Hombre, Dios, Cristo, Fe). Luego un paradigma: Qué hacer, cómo hacerlo, cuándo hacerlo. Por último la práctica. Pastores de mas de 20 años de experiencia yendo de tres, en tres, sujetos a la directriz de jóvenes ya expertos en Evangelismo Explosivo.

Así es como se hace.

Fue una noche larga y hermosa. Mi equipo estaba formado por otro pastor y una elegante joven de la iglesia anfitriona, quien nos lideraba. Las órdenes eran estrictas: Ella comandaba el grupo de tres. No usar Biblias grandes, solo Nuevos Testamentos. Mantener la boca cerrada mientras ella daba el mensaje. Mucha oración en silencio.

Una vez en el auto de nuestra líder, supimos que íbamos rumbo al aeropuerto de la ciudad. Se nos dijo que iríamos a una "cita divina". En otras palabras, a encontrar a alguien, en cualquier rincón, bajo cualquier circunstancia. Dios sería nuestro guía e instructor.

Los pasillos del aeropuerto en San Juan me parecieron los más largos del mundo. Si lo que buscábamos eran miles y miles de gentes apretujadas en un solo sitio, ese era el lugar. Para mí lo incongruente del momento fue caminar y caminar desde un punto hasta lo infinito. Me pregunté varias veces el por qué de semejante peregrinar. Recordé las instrucciones de estar callado. Pasaron interminables minutos hasta que escuché la voz de ella:

Aquí, a la izquierda.

Nos dirigimos hacia un rincón apartado en una de las puertas de salida. Allí, solitario, cabizbajo, un caballero de pelo cano pasaba el tiempo sentado y aislado del resto del mundo. Fuimos hasta allá.

Buenas noches. Somos de la Primera Iglesia Bautista de Río Piedras. Estamos haciendo una encuesta entre la gente que visita este lugar. ¿Nos permite hacerle unas preguntas cortas?

Sí, está bien.

Hice notas en mi mente. La joven tenía experiencia en lo que estaba haciendo. No es fácil llegarle de frente a un extraño para preguntarle ¿Si usted muriera hoy iría al cielo? y, Si usted muriera hoy y Dios le pregunta ¿Por qué le debo dejar entrar al cielo? ¿Qué le contestaría usted?

El caballero de pelo cano escuchaba y contestaba lo que estaba en su corazón. Pocas veces he visto ojos tan absorbentes como los de él. De vez en cuando una lágrima se asomaba por sus ventanas. Es cuando escucho que ella le dice:

¿Le gustaría recibir el regalo de vida eterna?

Antes quiero decirles algo. (Las lagrimas ahora salían libremente)

Estoy esperando mi vuelo porque regreso a Nueva York. Estoy muy adolorido, y sé que Dios los envió a ustedes. Acabo de enterrar a mi hijo. Murió en un accidente de auto. Se acababa de graduar de médico. Sí, yo quiero ese Dios que ustedes me han presentado.

Puedo dar testimonio que, en ese instante, por lo menos dos personas fueron transformadas. El caballero del pelo cano y este servidor.

Un Paradigma Mejor

Mis objetivos cambiaron, mi corazón cambió, mi forma de pastorear cambió. Desde ese momento se abrió el horizonte para mi y la iglesia que el Señor había puesto en mis manos.

Fue un trabajo silencioso y fluido. Tan pronto llegué a Caracas pedí al Señor que me diera 5 personas de la congregación para trabajar con Evangelismo Explosivo. Y así fue. Nos reuníamos en mi oficina para impartirles las clases y todos los miércoles salíamos a la calle a buscar las citas divinas.

Al principio los miembros de la iglesia no se daban cuenta de lo que estaba sucediendo. A los ocho meses de trabajo empezaron los chismes. El pastor fue criticado por tener a un grupo selecto en su entorno. Los demás eran de segunda clase. Gracias a Dios que el rompe toda cadena. Nos pusimos en oración y el asunto cambió. Ahora todos querían salir a evangelizar, ¡y ya! Les explicamos que cada uno tendría la oportunidad de hacerlo. Que era un proceso y que Dios estaba en el asunto.

A la vuelta de dos años, la cosecha era muy grande. Los líderes se habían multiplicado y la feligresía de la iglesia se duplicó. Arrendamos el local comercial que estaba al lado. Rompimos las paredes y ensanchamos el auditorio. Pudiera contarles muchas anécdotas de lo sucedido entonces pero el espacio no lo permite.

Lo Explosivo.

El 15 de julio de 1984 fui nombrado presidente de Evangelismo Explosivo de Venezuela. Ese cargo lo desempeñé hasta el 15 de diciembre de 1990. Establecimos una oficina en la ciudad y comenzamos el desarrollo de clínicas en todo el país. Todas las iglesias colaboraron extensamente en esa labor y fue muy productiva. Debo reconocer la labor de la Iglesia Las Acacias, con su pastor Samuel Olson. De mucha ayuda nos fue también Santiago Montero, asistente del pastor Olson. De las iglesias libres, Dios Admirable y Jezrel fueron grandes colaboradoras. Asimismo, la Coalición de Iglesias de Caracas que incluía la iglesia Presbiteriana El Redentor, La iglesia Menonita, la iglesia Cuadrangular y la iglesia Hermanos en Cristo.

Afortunadamente tuvimos la bendición de ver en Caracas una verdadera unidad entre las diferentes denominaciones evangélicas en el país. Pentecostales, bautistas, presbiterianos, menonitas, cuadrangulares, alianza misionera, independientes, todos aunamos esfuerzos para evangelizar y discipular la población venezolana. El Consejo Evangélico de Venezuela que agrupaba a mas de 50 organizaciones eclesiásticas y de servicio fue muy efectivo con su plataforma de unidad para el pueblo en general.

El desconocido Cecilio Lajara es ahora uno de mis mejores amigos.

Su familia y la mía están muy unidas. Tuve el privilegio de ayudar en la expansión de Evangelismo Explosivo viajando con él a Madrid, El Escorial, Buenos Aires, Honduras, Puerto Rico.

Grupo de directores nacionales que se reunieron en Colombia en al año 2005 para revisar juntos los resultados de Evangelismo Explosivo y hacer planes para el futuro.

CAPÍTULO 8

HISTORIA DE EVANGELISMO EXPLOSIVO EN GUATEMALA

Y E.E. ADAPTADO PARA LAS ETNIAS

Rev. David Gómez

Acostumbraba participar en actividades de evangelismo, predicando en campañas evangelísticas donde me invitaban. En una ocasión atendí una invitación a presentar conferencias por el aniversario de la Iglesia. Al hacer el desafío a recibir a Cristo, diez personas aceptaron, pasando al frente para hacer la oración del penitente. Un año después nuevamente me invitaron por el mismo motivo, la que gustoso acepté con tal de saludar a los nuevos creyentes. Al llegar a la ciudad y sentarme con el pastor local, hablamos de la campaña anterior, y le pregunté por los nuevos creyentes, a lo que me respondió, "¿Cuáles?" "Hermano, el año pasado aceptaron diez personas", le dije. Entonces él me dijo muy fríamente "Ah, ellos ya no vinieron."

Me sentí frustrado. En mi interior nació una pregunta sin respuesta. ¿Qué estamos haciendo? Debe haber una forma mejor de anunciar el Evangelio, me dije. En la Iglesia "La Biblia Abierta" a la que pertenecía, tenía la responsabilidad del ministerio de evangelización. Era una congregación de unos 35 miembros. En mis planes para un mes que traía cinco domingos, presenté clases de evangelismo en la Escuela Dominical. Los tres primeros fueron para dar a conocer una herramienta, el cuarto fue para hacer práctica dentro del edificio, de cómo presentar el evangelio con esa herramienta.

Al siguiente domingo no tuvimos clases, porque salimos a visitar el vecindario en parejas. Yo quedé solo así que decidí acompañar a un dúo, pero al tocar la puerta del primer vecino, salió un hombre muy cordial quien nos atendió muy amablemente. Tomé la palabra, me identifiqué e inmediatamente le presenté el Evangelio y le desafié a aceptar a Cristo. El aún con amabilidad pero con el ceño fruncido, me preguntó, "¿Y cómo sabe que yo nunca he aceptado a Cristo?" Yo había visto una imagen en la entrada a su casa y por causa de eso provoqué una discusión religiosa, discusión que gané o talvez debo reconocer, que él me dejó ganar. Realmente creo que lo mío fue un verdadero asalto con el evangelio, pero como resultado nunca más puedo entablar una conversación con este vecino. Me sentí frustrado. Debe haber una forma mejor de presentar el Evangelio.

La llegada de Evangelismo Explosivo a la Iglesia.

Una mañana de domingo en el año 1989, luego de las actividades de la Iglesia, me refirieron a una hermana misionera que nos visitaba. Ella quería hablar con el pastor o con el responsable del comité de evangelismo. Aunque yo no me había repuesto de mis frustraciones, estuve dispuesto a escucharla. Ella supo llamar mi atención, diciendo "Estoy buscando ayuda, pues soy una misionera que trabajo en un pueblo muy lejano, aunque estoy regresando de mi Iglesia en los Estados Unidos, a dónde asistí para recibir un entrenamiento de Evangelismo pero lo recibí en inglés y aun no lo domino en español." "Entonces, ¿cómo podemos ayudar?" le pregunté. Ella dijo, "permitiéndome repasar y ensayar con unos hermanos aquí en la iglesia lo que he aprendido." "Bueno, me gustaría ayudarle personalmente", le dije, a lo que ella muy tranquilamente respondió "¿Entonces usted se reuniría conmigo un día a la semana durante unos cinco meses?" Inmediatamente respondí, "Sí, hagamos eso".

Nos reunimos con ella cada lunes junto con otros dos jóvenes durante dos horas. ¡Fue estupendo! Ella pidió permiso a E.E. Internacional a fotocopiar los materiales y así todos teníamos esos recursos. Practicamos entre nosotros y visitamos varios hogares lo que me fue creando confianza en entablar pláticas sin hacer presión de nada y sin sentir ninguna presión. Al término del tiempo, ella nos reunió junto con nuestras familias para agradecer la ayuda recibida. Fue una reunión muy agradable donde terminamos de conocernos todos. Mencionó nuevamente su nombre, Eleonore Norall de Beach, y su esposo Edgar Beach, miembros del Instituto Lingüístico de Verano, traductores de la Biblia al Tectiteco, con un gran interés porque la gente de Tectitán conociera las verdades bíblicas.

Luego de presentarnos y hablando de su gratitud por la ayuda, que según ella le había yo dado, le respondí que lo que ahora quería era presentarle mi factura. Ella preguntó "¿Y cuál es su factura?" "Que me enseñe E.E. tal como es." "¿Quiere estar conmigo otros seis meses?" Preguntó ella. "Sí", le respondí. Entonces la condición puesta por ella fue que debería yo de tener a dos Compañeros en Capacitación, adicionales a los dos Compañeros en Oración. ¡Compromiso hecho! Recluté al pastor principal, y un anciano para que fueran mis compañeros en capacitación.

La experiencia cambió mi vida ministerial.

¡Fue maravilloso! Recuerdo a una familia vecina que iniciamos a visitar. La pareja se entregó a Cristo. Ellos tenían una niña de dos años de edad. Seguimos con ellos lo propuesto por E.E. en discipulado. Como resultado ellos se integraron a la Iglesia, se bautizaron y llegaron muy pronto a ser nuestros Compañeros en Oración y luego Compañeros en Capacitación. Llegaron a ser Diáconos de la iglesia. Eso me hizo saber que lo que teníamos que hacer en el ministerio de Evangelismo de la iglesia, era E.E. En el desarrollo de ese ministerio en la Iglesia local, me visitó un pastor de otra denominación y me dijo que deseaba ser entrenado en E.E. a lo que le dije que con gusto pero que debería de venir con nosotros los lunes en la noche durante 16 semanas. Estuvo de acuerdo y así iniciamos un entrenamiento con él, pero se sumó un líder de otra congregación y luego dos más de otra denominación. Así que teníamos cuatro denominaciones representadas en nuestra congregación.

Por causa de eso uno de los hermanos expresó que E.E. era de bendición para las iglesias participantes y que mejor formáramos un ministerio que bendijera a otras iglesias del país. De manera que así lo hicimos y nació E.E. Guatemala. Vino el Vicepresidente para América Latina y nos dio créditos y autorización para imprimir y uso de los materiales. Mientras que se promovía se me envió junto a otros dos hermanos a recibir la Clínica a Belice. En esa aprendimos muchas cosas de cómo se desarrollaban esos eventos. De esa manera realizamos la primera Clínica en la Iglesia "El Mensaje de Vida" con la participación de 40 hermanos pastores y líderes.

Rápidamente el Ministerio creció y se realizó en el mismo año la segunda Clínica. Al crecer se hizo necesario un Director Nacional. La Junta Directiva decidió que esa responsabilidad la tomara el Reverendo David Gómez.

EVANGELISMO EXPLOSIVO PARA LAS ETNIAS

Pasados cuatro años de funcionar E.E., pensamos que deberíamos dar atención especial a los grupos étnicos del país, ya que encontramos que habían términos que necesitaban ser adaptados para hacerlos más fáciles de comunicar. Siempre buscábamos que al hacer la presentación, alguien tradujera del español al idioma de la persona que estábamos evangelizando.

En una ocasión al estar en la comunicación del concepto "gracia", los hermanos lo tradujeron como "gracias". Eso nos hizo considerar la necesidad de traducir el material y tenerlo impreso. Para eso invitamos a varios amigos traductores de la Biblia y algunos pastores de origen maya. Trabajamos todo el material y surgió lo que consideramos el primer ensayo. Ese material lo enviamos al Vice Presidente para América Latina de E.E. con la idea de hacer saber lo que estábamos haciendo y si existía algún trabajo de ese tipo en otra región, lo intercambiaríamos para enriquecerlo.

Mientras tanto en E.E. Internacional existía la idea de celebración por haber alcanzado a las 211 naciones que existían en ese momento (en 1995), celebración a la que nos invitaron un año antes y celebraron una sesión previa en preparación. Pero en esa reunión surgió bajo mi propuesta la idea que solo se había alcanzado a los países pero no a las naciones, clarificando que una nación es un grupo social que tiene su propia cosmovisión, idioma, y su propia cultura, y que estos podrían habitar dentro de los territorios de los países conocidos. El staff presente supo entender y pidieron al ministerio de E.E. Guatemala que al celebrar los 35 años de E.E. Internacional aceptáramos la invitación a participar en la celebración con la finalidad que promoviéramos E.E. Etnias.

Preparamos una presentación muy especial con la ayuda de la Academia Cristiana de Guatemala (CAG por sus siglas en inglés), una escuela para los hijos de los misioneros en Guatemala. La presentación fue con diapositivas y un casete de audio que narraba la presentación. Consideramos para dicha presentación experiencias y testimonios en el campo, como el de un hombre que nos dijo que Jesús tenía que ser un hombre muy bueno porque todos los que hablan de Él, hablan buenas cosas. A la pregunta que de donde creía que Jesús habría venido, dijo que del otro lado de la montaña porque de allá vienen los que hablan de Él. Una mujer dijo que no podía creer que si Jesucristo es Dios, entonces ¿cómo es que viniera para morir por ella que es una gran pecadora? Otra mujer había dicho en su idioma, que era la primera vez que oía que un Espíritu bueno (Cristo) viniera y se sacrificara por ella, cuanto que todos los espíritus que conocía le demandaban a ella sacrificios.

Un hombre de nombre Elías le vimos saltar de alegría y tanto que reía de gozo y al preguntar cual era el motivo, dijo que hacía pocos años hubo una gran inundación en su aldea y que en ella habían muerto sus dos hijas, y que él había reclamado a Dios por causa de eso, pero que su reclamo fue, "Dios, me has quitado a mis dos hijas ahora te pido que por cada una de ellas dame mil garífunas que crean en ti. Desde entonces", nos dijo, "he querido predicar el evangelio y no he podido, pues ahora ya han aceptado los primeros seis y solo me faltan mil novecientos noventa y cuatro." Fue muy bien recibida e inmediatamente se nos pidió que dirigiéramos ese ministerio. Fue mucha la demanda de hermanos que nos pidieron ir a sus países para realizar Clínicas que llamamos "Clínicas de E.E. para Etnias".

Al regresar de la celebración, el equipo de Guatemala se ocupó de lo que consideramos que sería muy grande. Por lo que estudiamos de nuevo el material con los hermanos con quienes estábamos entrenándoles en iglesias en los pueblos y que luego iríamos a la visitación. Pero ahora sabíamos que tendríamos que hacerlo con muchos más pueblos o sea que para eso necesitaríamos hacerlo a más de 20 idiomas en el país. Entonces reunimos a varios traductores, lingüistas y hermanos de diferentes grupos que ya habíamos entrenado en E.E.

Nos dimos cuenta que necesitamos realizar una Clínica de E.E. nivel 1, la cual realizamos en el año 1996 con la bendición de la Iglesia "La

Biblia Abierta" en la Colonia Valle Dorado (Ciudad San Cristóbal, Guatemala). A esta Clínica asistieron 40 participantes de diferentes pueblos mayas de Guatemala y México. Mencionamos a pueblos como Mam, Tectiteco, Quiché, Pokomchí, Jacalteco, Chuj; y de México estuvieron del pueblo Chol, y Tzozil. Luego nos quedamos con todos ellos una semana más en la Iglesia anfitriona para estudiar cada concepto, así quedó un gran trabajo para ir adaptando todo el contenido del material de E.E. a un material que llamamos E.E. Etnias.

Al finalizar esta semana quedamos comprometidos para poner en práctica lo trabajado y seguir con las investigaciones de campo para saber que podemos mejorar. Nos comprometimos también de parte de E.E. a visitarlos en sus iglesias locales para saber que respuesta se recibía de la comunidad a la presentación del Evangelio.

"TEJEDORES" – testigos de Cristo.

Antes de seguir deseo aclarar que "Tejedores" es el nombre por el que decidimos llamar al "testigo de Cristo". La visión es que todo creyente en Cristo llegue a ser un testigo eficaz dentro de su propia comunidad. Esto es posible hacerlo con sus allegados en las conversaciones más comunes, lanzando comentarios de Historias Bíblicas, para que la otra persona presente preguntas o comentarios respecto a la historia. Entonces sería como lanzar hilos en la conversación, que luego con sus preguntas o comentarios sería como regresar el hilo, y el testigo vuelve a lanzarlo con sus respuestas. Así sucesivamente se irá tejiendo la presentación del Evangelio. Hecha esta aclaración, continúo con la narración.

Por cinco años estuvimos trabajando y haciendo estudios de campo para saber como funcionaba este nuevo material, que en realidad llegó a ser otro ministerio dentro de E.E. Luego de observar a diferentes pueblos, su cultura, su lingüística, su manera de aprender, llegamos a desarrollar lo que ellos ya tienen por generaciones, La Oralidad, de manera que empezamos a introducir una nueva herramienta en E.E. que es la Narrativa. Hemos logrado bastante avance con esta herramienta que los hermanos coordinadores de este nuevo ministerio dentro de E.E. lo llevaron a Asia y otros lugares de dónde recibimos constantes testimonios de lo útil que es en sus comunidades y regiones.

Pensemos por breves momentos que es lo que decimos por

Narrativa: Dentro de la Narrativa tenemos a personas que se comunican de una manera excelente a través de la oralidad. Aquí consideramos a las personas que por necesidad o por preferencia aprenden y se comunican más efectivamente por interacción personal usando historias, proverbios, cantos y otros medios de la comunicación expresiva.

En "Tejedores" reconocemos que cada uno tiene sus propios valores para el aprendizaje pero al mismo tiempo consideramos que lo que a unos les es útil en gran manera a otros no les funciona. Por eso la Narrativa es clave para que muchas personas comprendan el Mensaje y es la manera que muchos llegan a creer y a tomar decisiones. Así entonces consideramos que la "oralidad" no es simplemente cuestión de hablar y de oír. Es la oportunidad de integrar las Historias Bíblicas entretejiéndolas con las conversaciones más comunes de la comunidad.

También hay que considerar que las personas de las culturas Orales ponen énfasis para conocer la verdad, en la relación personal, el respeto y el honor, y que para aprender ponen énfasis en la observación y en imitar. Por eso en Tejedores creemos que en la evangelización estos elementos son muy valiosos para quien pretende ser un evangelizador. Animamos a cada Testigo de Cristo a convertirse en un Discipulador desde antes que la persona decida aceptar a Cristo, ya que en la Biblia tenemos suficientes Historias para relacionarlas con las circunstancias de la vida diaria y actual. De manera que, al aprender a relatar las historias, puede llevar a la presentación de las Buenas Nuevas y a que las personas tomen una decisión por Cristo con mayor conocimiento y conciencia de esa decisión.

Hemos vivido las experiencias más maravillosas en las culturas étnicas de nuestros países. Hemos entrenado a hermanos de más de 40 grupos lingüísticos en México, Guatemala, Belice, Nicaragua, Costa Rica, Panamá, Colombia, Ecuador, Perú, en Asia y África, países donde hemos visto a hermanos que con un convencimiento especial en su convicción espiritual desean que sus comunidades conozcan las Buenas Nuevas. Se han entregado a la traducción de los materiales a sus idiomas, llevándolos a la grabación digital y auditiva para el mejor provecho de muchos en su comunidad que no leen, y que tampoco el español es su primer idioma.

Realmente no comprenden el Mensaje como nosotros creemos que sí, al presentarlo solo en el idioma oficial, como si lo llegan a comprender cuando lo escuchan en el idioma de su corazón.

CAPÍTULO 9

HISTORIA DE EVANGELISMO EXPLOSIVO EN ESPAÑA

Juan Diego Vallejos

No se puede entender la trayectoria de E.E. en España sin la figura del Dr. Woody Lajara. Él es quien Dios ha utilizado para iniciarlo, supervisarlo y mentorear a sus líderes por más de 30 años.

Iniciar E.E. no fue algo casual ni improvisado. Fue algo que en el corazón del Dr. Lajara llevaba tiempo incubándose con una pasión y amor por España que dio como fruto diferentes viajes y mucha oración antes de que en 1983 se iniciara formalmente el ministerio en España, dejando como delegados a los pastores, Wenceslao Calvo, Luciano Arévalo, Rodolfo Loyola, y como director nacional a Pedro Pablo Reus, todos de Madrid. Este último lo dirigiría con éxito hasta 1989 cuando abandona la dirección y en España se entra en una época difícil para el ministerio.

En los próximos años se desarrollan una serie de acontecimientos un tanto difíciles de explicar donde aparecen hasta tres directores nacionales simultáneamente. Algunos fueron auto-proclamados y otro designado por E.E. Europa, pero sin conocimiento de la Junta Nacional: Hubo uno el cual en dos años desarrolló una actividad frenética por todo el país, pero en algunos casos a un alto precio el cual fue reducir el nivel de calidad de materiales y seminarios. Como ejemplo pondré que se hicieron seminarios de seis días en un solo día, algunas veces sin material, y la mayoría de las veces sin SEP. Lo que hay que resaltar son las consecuencias de bajar el nivel de excelencia, llevando a que los pastores y misioneros por toda España copiaran, se apropiaran e hicieran sus propias versiones del material de E.E. con las graves consecuencias que hasta el día de hoy es difícil tener una idea aproximada de quien se capacitó correctamente en E.E. y quien no.

1997 – Después de un largo tiempo el Dr. Woody Lajara regresa a España con el propósito de reflotar el ministerio de E.E. Fueron más de seis años que E.E. estuvo a la deriva sin una persona responsable y sin una oficina nacional. Aunque no debemos dejar de agradecer a pastores como Luis Antonio de la Peña y Juan Blake (ya fallecido) que, en los respectivos locales de los ministerios que eran responsables, tuvieron a bien guardar el stock de materiales que pudieron servir para las pocas iglesias que durante esos seis años necesitaron entrenar cristianos en sus iglesias locales.

En este tiempo se hace evidente el refrán "donde no hay capitán, no manda marinero". Aparecieron supuestos directores, maestros sin mucha capacitación y plagiadores que hacían su propia versión del ministerio. Las pocas clínicas que se hicieron fueron sin planificación e ignorando todos los consejos de calidad, por lo que en los próximos años fueron apareciendo hermanos y hermanas que habían participado en clínicas de un día, sin entrenamiento práctico y sin entrega de material. Esto ocasionó el deterioro de la imagen de excelencia de la que había gozado en España el ministerio.

En este periodo de reconstrucción del ministerio el Dr. Woody Lajara, junto con un equipo de entrenadores procedentes principalmente de Puerto Rico y Miami, hacen una clínica en Madrid con la colaboración de las iglesias locales de Fuenlabrada, Aluche y Carabanchel. Fue todo un éxito, y el compromiso de estas iglesias hace que se inicie un período de entrenamientos locales, casi a modo de redescubrimiento del ministerio, ya que los materiales con los que se contaban eran antiguos y desactualizados. Eso se cambiaría con el tiempo, como veremos más adelante.

Esta primera Clínica sirve también como referencia para llevar a cabo una serie de eventos de E.E. bajo la iniciativa del Dr. Lajara tales como un SEMAC (Seminario de Administración de Clínicas). En la iglesia de Fuenlabrada en febrero de 1999 hubo unos diez participantes, entre ellos el Pastor Miguel Llagostera y un servidor Juan Diego Vallejos, que más adelante tendría una implicación mas decisiva en el desarrollo del ministerio. También se hicieron charlas, visitas ministeriales en Madrid, Asturias, Barcelona y Andorra.

Hagamos un alto en este punto para detallar la visita a Andorra. En este viaje desde Barcelona donde el Dr. Lajara, junto con el Pastor Llagostera y el Pastor Richi (éste último sólo como guía) se visitó a un pastor misionero Stephen Horning que, viendo el entusiasmo que mostró con la idea de implementar E.E. en Andorra, el Dr. Lajara decidió invertir para que pudiese viajar a Los Ángeles, California para que se capacitara en una clínica de alto nivel, no supimos de el hasta 20 años despues.

Volviendo al SEMAD llevado a cabo en Fuenlabrada, el Dr. Lajara desafía al Pastor Llagostera para que realice una clínica para pastores en Barcelona a finales de ese mismo año. Realmente se trataba de un desafío grande, ya que Barcelona no tenía tantos entrenadores que rescatar y actualizar de la anterior etapa de E.E. y por lo visto tampoco había recursos para traerlos desde otro país de habla Hispana. Entonces se decide becarme para participar en una clínica en Miami, en la Iglesia Centro Internacional de Alabanza, donde en pocos meses se tendría una clínica para jóvenes, que serviría para que tuviese una referencia de cómo debe ser una clínica con excelencia. En pocas semanas conseguí reunir el coste del pasaje de avión para viajar desde Barcelona a Miami, que era lo único que no le becaron y así no perderse la oportunidad de capacitarme mejor.

De este modo, en julio de 1999 aproveché mis vacaciones personales para asistir a dicha clínica. Allí hize buenos amigos con experiencia que posteriormente serían de mucha ayuda para el desarrollo de E.E. en España. A mi regreso a Barcelona se distribuyó el trabajo en dos responsabilidades principales, el Pastor Llagostera se encargaría de la promoción y un servidor de todo lo demás: seleccionar a los que ayudarían en el área de comida, materiales, SEP, oración, transparencias, música, hospedaje, transporte, facilitadores, etc.

Se fija la fecha de la clínica en Barcelona la última semana de octubre de 1999 y en esta primera clínica fue acogida como anfitriona la iglesia Biblia Abierta, de Calle Selva de Mar donde pastoreaba el Pastor Llagostera.

El Dr. Lajara viaja de nuevo a la Península para ser el maestro principal de dicha Clínica, pasando primero por Portugal donde también se había programado un evento semejante, pero se tuvo que cancelar por falta de convocatoria. El Dr. Lajara llegó a Barcelona donde en el inicio de la clínica se tiene una asistencia de 20 pastores de diferentes denominaciones pentecostales.

Aunque había mucho por mejorar en este primer evento, el resultado superó las expectativas locales con 19 personas que recibieron el regalo de la vida eterna y un punto de partida donde comenzar a trabajar reconstruyendo el ministerio con la mayor excelencia posible. En palabras del Dr. Lajara posiblemente era la mejor clínica que se había hecho en Europa en los últimos años.

Seguidamente, después de tan intenso trabajo, se pasó un tiempo de evaluación y de proyectos futuros. Fue una larga noche de charlas, oración y desafíos.

En Madrid está Jesús Robledo a modo de Director en funciones, ya que él expresó que por su trabajo le era imposible desarrollar ese ministerio a tiempo completo, por lo que el Dr. Lajara estaba determinado a que el Pastor Miguel Llagostera fuera el nuevo Director para España. Pero éste tiene una iglesia que pastorear y ofrece su ayuda a empujar hacia delante en lo posible el ministerio, pero desde un segundo plano. En esa misma reunión se sugiere tímidamente que yo ayude en la provincia de Barcelona y aquí es donde sucede algo que reorienta todo lo que hasta ese momento se había discutido. La señora Carmen Lajara, la que muchos consideramos el alma y la columna espiritual del Ministerio Hispano de E.E. y esposa del Dr. Lajara, se dirige a los que allí estábamos reunidos y con la convicción que le caracteriza dijo que estaba claro que Dios quería a J.D. Vallejos como Director Nacional, cosa que tras un breve silencio nadie se atrevió a refutar.

A partir de ese momento, sería considerado el nuevo Director de E.E. para España y Portugal y con ello la complicada empresa de reedificar un ministerio en ambos países.

Un primer paso fue el inestimable mentoreo del Dr. Lajara que comenzó en noviembre de 1999 con un tiempo en Andorra, un pequeño país al norte de Cataluña donde me dio las directrices para comenzar a trabajar.

Así que con un juego de manuales fotocopiados, dos iglesias recién comenzando el ministerio, nada de presupuesto económico, pero con mucha ilusión, da comienzo la nueva etapa de E.E. en España que dura hasta el día de hoy.

Entre 1999 y 2001 se llevaron acabo seis clínicas de N1 y dos de N2, hasta ese momento los únicos formatos de entrenamiento con el que se contaba, más el consecuente entrenamiento local, que se amplió hasta 16 iglesias, implementando 180 alumnos y cerca de 500 profesiones de fe. Aunque eran buenos resultados y los frutos que Dios estaba trayendo eran muy motivadores, no fue un camino fácil este inicio, ya que una y otra vez se cerraban las puertas de muchas iglesias que no tenían un buen recuerdo de lo sucedido anteriormente con E.E. Pero nuevas iglesias y nuevos pastores, con ilusiones nuevas, hicieron que se proyectara una imagen renovada, actual y fructífera de E.E. en España. Así que, con la ayuda de Dios se fue conformando un nuevo mapa del ministerio, indicando claramente que recurrir una y otra vez a los antiguos colaboradores no era más que una pérdida de tiempo y fue mucho el tiempo perdido los primeros cinco años tocando las puertas de estos hermanos que en tiempos pasados fueron muy activos en el ministerio, pero que claramente no tenían intención de volver a colaborar.

Continuando con la evolución y avance de E.E. en la península, comento que en 2002 se participa de nuevo después de bastantes años en la reunion de directores de E.E. en Europa, algo muy positivo donde conocimos al que era el Vicepresidente ejecutivo Tom Stevens y el VP Europa George Vercea (El primero ya fallecido y el segundo jubilado) y a alguien muy significativo, a Ken Silva, que presentó el embrión de lo que ahora se llama "S.Y.F." o en español Manos a la Obra. Allí nos entregó una copia en inglés, que al regreso en un viaje a Portugal, con la directora en funciones tradujimos el material al portugués y del portugués al español, al llegar a Barcelona. Este material, aunque sencillo, se pudo utilizar a modo de ariete, para abrir cientos de puertas a través de los seminarios de un solo día de Manos a la Obra y una vez que los pastores y las iglesias descubrían E.E. les despertaba la carga por capacitarse más en los diferentes entrenamientos de E.E.

Posteriormente se hizo una traducción formal al español en México que utilizamos por mucho tiempo hasta que USA hizo un material estandarizado de dicho manual que es el que utilizamos hasta el día de hoy.

En los próximos años, hasta 2006, el Dr. Lajara viajó incansablemente hasta España para enseñar en clínicas y apoyar el ministerio. En estos años el ministerio creció y se extendió por toda la Península, consolidándose y teniendo iglesias con un entrenamiento periódico y constante en cada región del país dando muchos y buenos frutos de almas para el Señor, así como cientos de entrenadores.

En esa franja del tiempo, 2006–2010, una crisis económica importante azotó España y a muchos países de Europa y occidente, y lamentablemente lo económico también afecta a las iglesias. Muchos miembros quedaron desempleados y otros muchos abandonaron el país en busca de nuevas oportunidades, dejando las economías eclesiales tambaleándose, lo que propició que los pastores quisieran más que nunca capacitar a su gente y recuperar así membresía pero no estaban dispuestos a pagar un euro por ello, por lo que el ministerio de E.E. se vio gravemente perjudicado, sin iglesias que hicieran talleres a no ser que fuese casi regalado.

A eso le he de añadir que en esa época España recibió una invasión de misioneros desde Latinoamérica (ese hecho sociológico da para una tesis) y muchos de estos misioneros traían consigo material de E.E. desde sus respectivos países. Comenzaron a hacer sus propios entrenamientos fotocopiando material y por supuesto sin tener en cuenta la oficina nacional. Así que a la crisis económica del país se le suma la crisis moral de muchos misioneros destruyendo casi por completo el ministerio de E.E. Nos encontamos en que el Director Nacional tiene que trabajar secularmente (hasta el día de hoy) ya que es un misionero en su propio país y no recibe apoyos externos, y al tener un trabajo secular no se puede atender como corresponde un ministerio nacional, ni mantener una oficina, ni hacer reproducciones de material de calidad. Se busca descentralizar la responsabilidad del ministerio en manos de pastores regionales pero no sirvió de mucho, porque cada uno tiene sus propias responsabilidades y E.E. no es prioridad. Es más, me encontré que algunos delegados aprovecharon la oportunidad para hacer negocio con los materiales y sorprendentemente aun bajó más las inscripciones.

A pesar de comprometer la economía familiar, me vi forzado (más por un sentido de responsabilidad que por facilidades) a tomar las riendas del ministerio para volver a reflotarlo, y esta vez sin la inestimable ayuda del Dr. Lajara por su jubilación como VP de Iberoamérica.

Aun así, en 2013, en un acto importante y sin precedentes en

Europa, se hace un evento por el 30 Aniversario de E.E. es España. Es invitado el VP George Vercea y el Presidente John Sorensen a este evento en Barcelona. Asisten 32 iglesias y más de 500 personas. Fue una iniciativa costosa pero muy positiva para poder poner a E.E. en la palestra. También dentro de las actividades del 30 Aniversario se costeó el pasaje del Dr. Lajara para hacerle un homenaje por toda su trayectoria y labor en España. Fue quizá el evento más importante y emotivo. Asistieron 12 iglesias y unas 120 personas.

Desde ese momento se inician nuevos proyectos, clínicas, capacitaciones, visitas y esta vez contábamos con una ayuda que fue muy positiva que es la donación de una cantidad importante de material de E.E. para niños, que nos sirvió de nuevo para abrir puertas en iglesias donde implementar E.E.

CAPÍTULO 10

HISTORIA DE EVANGELISMO EXPLOSIVO EN EL CONO SUR

Dr. Guillermo Di Giovanna (con Dr. Juan Calcagni)

Nota introductoria: El Doctor Osvaldo Casati estaba redactando este segmento del libro que ahora está en manos del amable lector. Su memoria era formidable para recordar los detalles innumerables que retenía y compartía siempre.

Sucedió que el Señor le llamó a su Presencia el miércoles 11 de julio de 2018 y sus notas han quedado en su computador. Una semana antes estaba en cama, y me decía al teléfono que ni bien pudiera, volvía a escribir. Estos días de julio de 2018 son dolorosos para nosotros por la pérdida del amigo. Hemos compartido una nota sobre la vida de Osvaldo que nos hace valorar y agradecer, por el don de Dios que ha significado el querido Osvaldo para todos nosotros:

"Hoy temprano llamó un amigo. Juan Calcagni lloraba en el teléfono, y me comentó que se ha ido otro amigo nuestro a la Patria Celestial. El Doctor Osvaldo César Casati Aristegui se fue a estar con el Señor. A los 83 años, su corazón cansado dejó de latir. Tanto andar y andar por la América Morena, desde inicios de la década de 1960 hasta la primera década de este siglo. Incansable llevando la Palabra de Dios. Perteneció a equipos innovadores que traían lo mejor de las comunicaciones modernas para transmitir el evangelio. Lo mejor de la pedagogía y teología práctica, para enseñarlo y lo mejor de la ética integra de la vida cristiana para modelarlo. SEAN, LOGOI, FLET, Evangelismo Explosivo, Desarrollo Cristiano, Instituto HAGGAI. Impulsor de las comunicaciones radiales y televisivas para los años 70, y muchas acciones más. En todos estos espacios dejó su huella.

Pastor por más de 50 años, con varias denominaciones. Amable, jovial, trabajador, y generoso, dio todo lo que tenía, podía y sabía a los demás, para que conocieran a Cristo y lo pudieran vivenciar y compartir. Cientos de obreros cristianos que pasaron por Buenos Aires le buscaron y encontraron amigos sinceros en Osvaldo y Marta, su esposa. Hay amigo más unido que un hermano, dice la Biblia, y la vida de Osvaldo confirma este proverbio. Fue uno de los entusiastas impulsores del Seminario Juan Knox, partícipe de este proyecto con todo su corazón y pensamiento. Un ejemplo digno de imitar y recordar. Una vida que inspira a seguir a Cristo.

¡Gloria a Dios por la vida de Osvaldo! Oramos por el consuelo y fortaleza para su esposa, hijos y nietos"

Hasta aquí este humilde homenaje a este honroso soldado de Jesucristo.

El tiempo oportuno en el diseño de Dios

El tiempo oportuno de la llegada de E.E. al Cono Sur se abre en Chile, con una carta del pastor José Mardones a la Oficina Central en Fort Lauderdale, por el año 1982. Esa carta fue entregada por el Doctor D. James Kennedy al Doctor Cecilio Nicolás Lajara, Vicepresidente para la Iberoamérica de E.E. En ella se expresa el deseo de recibir el entrenamiento y acompañar el desarrollo de E.E. en Chile. En respuesta a este pedido, se inician los contactos y se lleva a cabo el plan de llegar a Chile. En la ciudad de Temuco, región de la Araucanía, se desarrolla la primera Clínica y la primera implementación. La Iglesia Sociedad Evangélica de Chile, de origen alemán en Temuco fue anfitriona. Lajara, Casati y Ray Castro entraron en acción para este comienzo. Una zona de viva presencia evangélica, donde otras denominaciones presentes aprovecharon y empujaron el uso de E.E.

Para ese tiempo la Alianza Cristiana y Misionera iba capacitando a sus misioneros en todo el continente. De ese modo se contaba con buenos entrenadores, maestros y constantes desarrolladores en todas las iglesias de esa denominación. Fueron de gran ayuda en los países circundantes también, como se vio en el Perú, en Argentina, en Ecuador, Colombia, etc.

De pronto, con una humilde carta, se encendió un fuego de pasión por hacer discípulos en el subcontinente. En Chile, otro pastor de las iglesias alemanas, Edy Jacob, que servía en Santiago, se convirtió en otro motor que impulsaba E.E. en la capital. Y muchos hermanos de otras denominaciones de sumaron al esfuerzo. Hay que mencionar al hermano Alfredo Cooper de la Iglesia Anglicana, que abrió de manera entusiasta el canal para que la denominación lo utilizara en todo el país. Hubo muchas clínicas y mucha implementación, un ministerio fructífero hasta el presente. Años más tarde, la hermana Jovita Medel fue una tesonera obrera, incansable viajera a todo el territorio, de manera que no se apagara la llama que el Señor había encendido con E.E. Con una entrega admirable al llamado, nunca se detuvo en motivar y entrenar a pastores y líderes. Invirtiendo de su propio pecunio, siguió impulsando el desarrollo de E.E. en Chile.

El Doctor Ernesto Humeniuk vivenció esa experiencia inicial en Temuco y nos ha relatado lo siguiente de aquel momento de alumbramiento:

"Esa lluvia torrencial presagiaba otra clase de lluvia: la de bendiciones en tantas vidas entregadas a Cristo para salvación eterna. La mañana en Temuco demandaba esperar hasta que abrieran las puertas del internado de la Sociedad Evangélica de Chile en la calle Alemania, por lo que me guarecí bajo un techito hasta que amaneciera. Había salido de Mendoza y quedé extasiado al ir bajando por los caracoles de Portillo, para luego tomar un bus que me llevaría a una experiencia inolvidable en la hermosa ciudad del sur de Chile.

La Clínica de Evangelismo Explosivo, organizada por "Pepe" Mardones resultó de lo más accidentada. Estaban allí ilustres exponentes del liderazgo cristiano, salvo yo que era apenas un muchachito enfundado en un poncho debido al terrible frío. No había quién dirigiera las canciones, por lo que yo me improvisé como maestro de ceremonias. Los materiales no habían llegado por lo que se distribuían fotocopias apenas legibles. El Dr. Lajara, el maestro, tuvo una urgente intervención quirúrgica por una apendicitis. Fue en una maternidad, pero incluso allí «dio a luz» a una enfermera que recibió el regalo de vida eterna una vez realizada la operación. Mientras tanto, el hermano Ray Castro intentaba en su "mal castellano" enseñarnos el material sin que nosotros pudamos comprender a cabalidad lo que decía; era la primera clínica que Ray enseñaba en idioma español. Conocí allí a hombres como Osvaldo Casati, Edy Jacob, Alfredo Cooper y otros.

La vuelta a Mendoza fue llena de gozo. Mis primeros discípulos fueron mi esposa Gloria, la hermana María Esther de Garay y los hermanos Juan "Yeye"

Molina y Bienvenido Torres. La iglesia fue bendecida con decenas y decenas de conversiones. ¡Gloria a Dios! Al poco tiempo tuvimos en Godoy Cruz una Clínica que resultó de inspiración y multiplicación de evangelistas personales. A propósito de este evento, recuerdo que cuando ingresé al Seminario Internacional Teológico Bautista en 1974, conocí a quien era el celador del pabellón de hombres, Juan Manuel Monzón, con quien trabamos cierta amistad. Siempre orábamos por la conversión de sus padres. Cuando Juan Manuel se casó lo reemplacé en la iglesia de Villa Madero durante el verano, para mi obra práctica ministerial. Con el tiempo y ya que él egresó mucho antes que yo, le perdí el rastro. Cuando estábamos organizando la Clínica de E.E. en Mendoza recibí una inscripción de Juan Manuel Monzón, «Obispo de la Iglesia Metodista Libre de Paraguay». Supuse que era otro Monzón, no el que yo había conocido en el Seminario Bautista. Grande fue mi sorpresa que el primero que llegó a la cita fue él. Me explicó que su esposa era paraguaya y que ahora estaba sirviendo en ese país hermano. Al término de la Clínica me escribió diciéndome que en el tramo entre Mendoza y Córdoba su compañera de asiento había recibido a Cristo, que, al llegar a Córdoba, su lugar natal, sus padres recibieron el regalo de vida eterna, ¡gloria a Dios!, oraciones contestadas. En el viaje de Córdoba a Resistencia, Chaco, otro compañero de asiento hizo profesión de fe y en su viaje de Resistencia a Asunción otra victoria más: ¡cinco decisiones para el Señor! Juan Manuel no lo podía creer. Tiempo después viajamos con Osvaldo Casati a Asunción para enseñar una Clínica y fuimos testigos que aquella denominación que antes estaba a punto de cerrar en Paraguay, los Metodistas Libres, ahora era una iglesia pujante y en crecimiento.

Con Osvaldo Casati fuimos a varios lugares a enseñar juntos. Pero hubo una situación por lo demás risueña y es que cada agosto ministrábamos en la Iglesia Encuentro con Cristo, frente a Plaza Egaña, Santiago. Una mañana nos quedamos dormidos debido al cansancio. Cuando desperté lo urgí a levantarse, pero notamos que no había luz en la casa. Cada uno buscó ducharse y prepararse para la tarea. Al rato preguntamos a la hermana hospedadora qué había acontecido. Nos miró extrañada, «¡Cómo! ¿Ustedes no se enteraron? Anoche nos reunimos con nuestra familia a orar en el baño. Tuvimos un maremoto (tsunami). Miren por la ventana y vean los destrozos». ¡Qué vergüenza! Ni un maremoto pudo con nuestro sueño, habíamos caído rendidos ante tanta actividad con la Clínica. Pero fue allí que vimos la bendición de una iglesia en Ñuñoa creciendo y llena de vida. En uno de los viajes el pastor Edy nos invitó a acompañarlo al banco, y era que la iglesia estaba adquiriendo un cine frente a la plaza de Puente Alto, y allí fuimos a abrir esas puertas y a orar dedicando ese sitio que ya no pasaría películas de baja moral, ¡ahora se predicaría el evangelio! Después tuve Clínicas de E.E. en cada iglesia que el Señor me permitió pastorear: Distrito Sur de Rosario, Primera Iglesia Bautista de Bahía Blanca.

Doy a gracias a Dios por el día que el hermano Woody Lajara trajo al Cono Sur esta herramienta bendita. Con el tiempo ayudé a la producción de materiales audiovisuales, traducción de materiales, y a integrar el International Board del ministerio. Es algo que no debe cesar, hasta que hayamos completado la tarea de desparramar la semilla preciosa de la Palabra de Dios por el mundo entero, hasta que el Rey regrese".

In memoriam de Osvaldo César Casati Aristegui

Ernesto Humeniuk.

Del otro lado de los Andes, estaba el desafío de Argentina. Lajara viajó en búsqueda de viejos amigos que le habían acompañado en otros desafíos ministeriales anteriores, y los halló. Encontró, como era de esperar, a Osvaldo Casati. Eran como David y Jonatán. Inseparables, y sumamente esforzados. Sumaron a un referente que era único en cualidades, el hermano Jarczac, a la sazón un empresario, que servía al Señor con dedicación y celo. Y Lajara encontró por recomendación de Casati y otros líderes, a Juan Calcagni. Juan era un referente de la obra evangélica. Un líder nacional bautista, pero reconocido ampliamente, desde su juventud como movilizador de jóvenes y luego evangelista que colaboraba con distintos ministerios como la Asociación Luis Palau. También era pastor de una iglesia en Lanús, ciudad populosa del Gran Buenos Aires, que se llama "Lanús de Cristo", a futuro una base de clínicas maravillosa. Esa iglesia llegó a desarrollar otras iglesias y crecer de 120 a 700 miembros. Una de ellas, a cargo del pastor Alfonso Cubilla, fue base de clínicas y de gran bendición al ministerio del Cono Sur, a posteriori de los años 90. Llegó también a 700 miembros para el 2007.

El Dr. Juan Calcagni, nos reseña su experiencia con E.E. :

"Comenzaba la década del 80 cuando un querido amigo, el pastor y profesor de Teología Roberto Jarczac, me llamó para decirme que me iba a visitar con un hermano que quería conocerme a mí y a nuestra iglesia. Me pareció un tanto extraña la situación. Yo comenzaba a ser pastor después de mucha oración y dificultades a vencer para tomar esa decisión, y tenia que recibir una visita muy especial que venía de EE.UU.

El día que establecimos vino acompañado de otro querido amigo el pastor

Osvaldo Casati. El visitante era el Doctor Cecilio Lajara, Vicepresidente para América Latina y España de E.E. Me impresionó su seriedad y compromiso con el Ministerio que representaba y que lo había traído a nuestra iglesia en Lanús, Pcia. de Buenos Aires, Argentina. También me impresionó la cantidad de preguntas y la minuciosa visita a las instalaciones del Templo.

Debo confesar que me preguntaba ¿quién es este Doctor que viene a nuestra tranquila iglesia de nuestro humilde barrio? ¿Por qué tengo que contestar tantas preguntas? Jarczac y Casati escuchaban en silencio haciéndome gestos que esperara con paciencia. Al final de la entrevista el Dr. Lajara expresó su agradecimiento por haberlo recibido, oramos y gentilmente se retiró con mis amigos y consiervos Jarczac y Casati.

Pasaron varios meses y recibí una llamada de mis amigos ya mencionados para una nueva entrevista con el Dr. Lajara invitándome con mi esposa, esta vez para compartir una agradable mesa en el Hotel Sheraton. Convencí a mi esposa de que podríamos aprovechar estar en ese lujoso hotel, aunque más no fuera para comer. También debo confesar que con esa fea costumbre que tenemos algunos cristianos de criticar, no me cayó bien usar el dinero de la Obra del Señor hospedarse en un hotel de esa categoría, pero por supuesto no dije una palabra. Mi esposa me acompañó, pero me indicó que tuviera cuidado con lo que propusieran.

Luego de los saludos protocolares lo primero que me dijo el Dr. Lajara es que quizás pensáramos que estaba usando mal el dinero del Señor usando ese lugar tan caro. Pensé que el hermano leía el pensamiento. Sucede, dijo el hermano Lajara, que el gerente de esta cadena de hoteles conoció a Jesús mediante el testimonio de E.E. y entonces nos ofrece hospedarnos gratuitamente en estos hoteles, vale decir que nos resulta más barato que hacerlo en un hotel de baja categoría. Sin palabras...

La razón de la entrevista era invitarme a participar en una Clínica de E.E. en Puerto Rico con todos los gastos pagos, viaje, hospedaje, comida, materiales, etc. Enseguida mi esposa me susurró, ¿qué me pedirán a cambio? Nos dieron tiempo para orar y pensar. En pocos días los dos llegamos a la convicción de que era un regalo de Dios para ayudarme en el ministerio pastoral y que no debiéramos dejar pasar la oportunidad. Demás está decir que no sólo el Dr. Lajara, WOODY, sino Carmen su querida esposa hoy son nuestros amados amigos. No sabemos cuánto le debemos al Señor que lo mandó a Lanús y a Woody que vino a darnos una ayuda extraordinaria.

Importa decir en este momento de mi relato que mi pastor E. David Gilles, un gran hombre de Dios, partió de este mundo imprevistamente por un ACV en junio de 1978 y como yo era un ayudante cercano de él, la iglesia me encomendó que me hiciera cargo de la misma. Trabajaba en una entidad bancaria y no estaba en condiciones de dejar ese trabajo; estábamos criando a nuestros tres hijos, sus estudios y pagando la casa que habíamos comprado. Por lo tanto, acepté el desafío y propuse a la congregación de unos 150 miembros que aceptaría con el compromiso de que el Ministerio de la Iglesia lo haríamos entre todos. Estuvieron de acuerdo y con el empuje del pastor que el Señor se llevó al cielo, quien estaba predicando sobre la carta a los Efesios, pedí al Señor un mensaje para la iglesia. Me preparé bajo ese impulso y un domingo prediqué una Palabra que Dios prosperó sobre la responsabilidad de cada integrante del cuerpo de Cristo: el Ministerio de todo Creyente. Hice un llamado y toda la iglesia pasó al frente, hermanos abrazándose y llorando. Me asusté y me dije: ¿y ahora qué hago con tanta gente consagrada? En lugar de ponerme feliz sentí una carga tremenda ¿Qué hacer?

Fue a los pocos días de la experiencia relatada que llegó la invitación para la entrevista en el Hotel mencionado con el Dr. Lajara. Viajé entonces con gran expectativa a la Clínica de E.E. en la Primera Iglesia Bautista de Carolina en San Juan, Puerto Rico. En el aeropuerto recibí un muy afectuoso recibimiento y bienvenida. Me llevaron al lugar donde estaría hospedado, el hogar de un matrimonio de la iglesia que me llenaron de afecto y cuidados. Comenzó la Clínica y me sentaron al lado del pastor de la iglesia. Le pregunté qué hacía allí siendo el pastor de una congregación de miles de miembros. Me contestó que quería hacer la Clínica para tener otra herramienta para un mayor crecimiento de la misma. Éramos un grupo cercano a los 50 pastores y líderes de distintos países aprendiendo como mejorar compartir el Evangelio. Transcurrió la Clínica llena de momentos maravillosos y una enseñanza de gran calidad y valor para el futuro de todos los asistentes y sobre todo para mí que quizás era el que más lo necesitaba. Estoy sumamente agradecido al Señor, a mis amigos Jarczac y Casati por elegirme para que el Dr. Lajara me entrevistara y luego nos eligiera entre unas 20 iglesias que visitó en la primera oportunidad. Su decisión se debió a que nuestro pastor antes de partir nos hizo trabajar en Hogares Evangelísticos, unos 20 funcionaban en ese tiempo. Lajara pensó que podríamos usar esos Hogares no solo para evangelizar sino también para discipular a los que aceptaran el Regalo de la Vida Eterna cuando E.E. funcionara en nuestra iglesia.

El Señor, viendo mi necesidad al tener una iglesia comprometida a trabajar y no saber qué hacer, me dio esta herramienta maravillosa que es E.E. que nos dio gran resultado llegando en pocos años de 150 a 500 miembros y en pocos años más, a 700. Luego de una división donde salieron unos 300 hermanos para formar dos nuevas iglesias, recomenzamos y llegamos a 800 miembros, la iglesia madre y 4 obras misioneras en la misma ciudad. Todo este crecimiento se debió a trabajar con equipos de E.E. y con hogares de discipulado, como nos mandó el Señor en la Gran Comisión".

Para continuar con el desarrollo de Argentina, cabe mencionar que con la ayuda del equipo misionero de la Alianza Cristiana y Misionera, se lanzan las primeras Clínicas. En el Instituto Bíblico Buenos Aires, en la calle Pampa, se capacitan obreros, pastores, líderes que llevarán la capacitación en cadena al interior. Y en las ciudades grandes del país, estratégicamente se va implementando el ministerio: Rosario, Córdoba, Mendoza, Salta, etc.

En todas las ciudades había pastores receptivos a incorporar esta importante herramienta a sus iglesias locales. Era 1983 y el país vivía un retorno a la democracia luego de una violenta situación de gobierno militar y una guerra contra la Gran Bretaña. Las personas se hallaban hambrientas de encontrar paz y sentido, y en ese contexto E.E. llegó para ser un recurso enviado por Dios a las iglesias locales y denominaciones en la extensión el evangelio mediante la predicación y el hacer discípulos en modo relacional. Sus valores eran muy claros y directos: ***Amistad-Evangelismo-Discipulado-Crecimiento Saludable.***

Se abrió una oficina nacional en el edificio de las Sociedades Bíblicas, en calle Tucumán 150, en el microcentro porteño. Casati hacía las gestiones y viajaba constantemente para dictar Clínicas, y alentar implementaciones. Recuerdo que siempre mencionaba el esfuerzo de haber dictado siete Clínicas seguidas en diferentes ciudades, una tras otra. Luego volver a la oficina, atender llamadas, pastores, imprimir materiales, corregir ediciones…un gigante incansable dando lo mejor de sí al Señor y a la obra del Señor. En simultaneo, colaborando con el Dr. Lajara en todos los quehaceres del continente, siendo una mano derecha en los países de habla hispana que iban adoptando el uso de

E.E.

Una experiencia de compromiso hasta el presente es el testimonio del pastor Alfonso Cubilla.

"En el año 1983 mi pastor Juan Calcagni fue invitado a participar de una Clínica de Evangelismo Explosivo en Puerto Rico, volviendo entusiasmadísimo con esta herramienta, de tal manera que, poco tiempo después, implementó en nuestra iglesia, Iglesia Bautista "Lanús de Cristo", Pcia. de Buenos Aires, Argentina.

En 1984 el pastor Juan Calcagni comienza la primera etapa de Evangelismo Explosivo Nivel I, donde tuve el privilegio de ser uno de los convocados a realizar el curso. Ese hecho cambió completamente mi vida, pues en ese tiempo, yo era relativamente nuevo como creyente. Había llegado a la iglesia buscando una sociedad perfecta, cansado de la vida irregular que llevaba.

Yo era músico y cargaba sobre mí todo lo que significa ser músico: alcohol, cigarrillos, mal dormir, mal comer, desatender a mi familia, etc. Al tiempo descubrí que esa sociedad perfecta que buscaba no existía, y eso produjo en mí una crisis y dudas, sin saber exactamente qué hacer. En ese tiempo descubrí Juan 15:16 y entendí que Dios me había llamado, no para fijarme en los defectos de los demás, sino para llevar frutos.

Fue entonces que aparece en mi vida E.E. y me enamoré profundamente de esta herramienta evangelística hasta hoy, pues a la fecha, la sigo usando y llevando almas a los pies de Cristo.

Mi pastor me honra poniéndome a cargo del Ministerio de Evangelismo, entonces comienza un tiempo de trabajo y crecimiento.

Entre las décadas del 80 y el 90 se realizaron en nuestra iglesia 13 Clínicas y 14 etapas de nivel 1, donde preparamos a 293 entrenadores, además de un número no determinado de personas pertenecientes a iglesias del interior de nuestro país, y de otros países.

Vivir estos hechos fue vivir una inmensa satisfacción el ser parte de este mover del Espíritu Santo a través de esta herramienta.

Por otra parte, quiero destacar que aparece en mi vida otro grande del evangelio, que tenía un corazón apasionado por los perdidos: el pastor Osvaldo Casati. A su lado aprendí mucho. El confió en mí y comenzó a llevarme con él a realizar clínicas, prácticamente recorriendo no solo gran parte de nuestro país, sino también otros países como Uruguay, Paraguay y Chile.

En Paraguay estuve por cuatro años a cargo del ministerio de E.E.

promocionando y realizando clínicas de distintos niveles: Niveles 1, 2, 3 y 4, y clínicas para maestros de clínicas.

A fines de la década del 90, mi pastor me honra ordenándome pastor y me pone a cargo de una Obra Misionera, que actualmente es una hermosa iglesia. En este nuevo lugar hemos realizado cinco clínicas de nivel I y a la fecha continuamos preparando ganadores de almas y ganando almas para la gloria de Dios.

Dios me ha bendecido grandemente en todas las aéreas de mi vida, pero E.E. fue lo más grande que me pasó. Me ayudó a cumplir el propósito de Dios para mi vida, y la mayor satisfacción que significa ver el nacimiento de un bebé espiritual. Es la misma sensación que uno siente cuando ve nacer un hijo biológico, una sensación que no se puede explicar. Doy gracias a Dios por haber conocido esta herramienta y a las personas que confiaron en mí: Juan Calcagni y Osvaldo Casati. Sería injusto si no nombro a otro grande, a Woody Lajara, que en su corazón siempre estuvo el ganar para Cristo a su América morena".

Lista de etapas Implementación de Nivel I de E. E. realizadas en la Iglesia Bautista de Cristo, (Ciudad de Lanús), con sus miembros.

Nro.	Cantidad alumnus	Fechas
1	4	1984
2	10	01/08/1985
3	24	01/08/1986
4	49	03/04/1987
5	29	19/03/1988
6	17	06/08/1988
7	20	17/03/1989
8	16	11/03/1990
9	26	15/03/1991
10	29	07/03/1992
11	30	05/03/1993
12	13	13/03/1994
13	12	15/03/1995
14	14	14/03/1996
15	14	16/03/1996
16	18	12/03/1997
Total	321	

Por invitación de Lajara participé con él en Clínicas en Iglesia Bautista de Cristo en Lanús:

- 9 Clínicas – Nivel I
- 5 Clínicas – Nivel II
- 3 Clínicas – Nivel III
- 1 Clínicas – Nivel Juvenil

Maestors de Clínica en Argentina.:Tengo registrado 20

Seminario Avanzado en Argentina: del 20 al 24 de Octubre de 1987 hicimos uno en Mar del Plata, con la presencia del Dr. James Kennedy, Pastor Samuel Olson de Venezuela y el Dr. Wilfredo Estrada Adorno participando como profesores. Ese fue el Segundo Seminaro Avanzado.

Por invitación de Lajara participé con él en una Clínica de E.E. en

Paipa, Columbia, acompañados por el Pastor, poeta y escritor Cubano, radicado en España Rodolfo Loyala. También por la gracia del Señor e invitación de Lajara participée en Madrid, España de una Clínica con una Buena cnatidad de pastores y líderes.

También en mayo de 1987 participamos en la CONFERENCIA INTERNACIONAL DE LÍDERES DE E.E, en Fort Lauderdale con Osvaldo Casati, Roberto Jarczak y Ernesto Humeniuk con la presencia de alrededor de 2000 participantes y la representación de los países del mundo donde había llegado el Ministerio de E.E. Hubo un momento muy impactante en el desarrollo de la reunión principal donde, entre otras participaciones, se realizó un desfile de las banderas de todos los países representados. Por decisión de Casati fui el privilegiado de llevar la Bandera Argentina instruyéndome para que invitara al representante de Inglaterra de desfilar juntos. Así lo hice, el hermano inglés estuvo muy feliz y dispuesto en hacerlo. Fue un momento tremendo, donde todos los presentes aplaudieron de pie por las dos banderas que iban juntas, estando los dos países en guerra. Dimos gloria al Señor, ya que Él lo hacía posible.

Otros líderes muy activos para mencionar: el hermano Rubén Calabretta, fue un activo pastor entre los Hermanos Libres y otras denominaciones para sembrar y desarrollar E.E. en un estilo inigualable y práctico, tal como es su persona. Su suegro, Don José Bongarrá, un líder pionero en muchos terrenos avizoró la oportunidad maravillosa que significaba una herramienta como E.E. Quería capacitar a todos sus líderes, pero Rubén le llevó al camino correcto, la progresión que se enseñaba en las Clínicas, y así tuvo inmenso resultado.

Alberto Ainscough y su esposa Rosa, ambos médicos, que eran pastores y líderes activos de la Iglesia del Nazareno, aplicaron y multiplicaron E.E. en todo el territorio de esa denominación.

Su iglesia fue premiada como Iglesia Base de Clínicas en 2007 con una continuidad por 30 años de desarrollo en el país. Ellos fundaron esa iglesia en Villa Ballester, en el gran Buenos Aires y E.E. fue una herramienta de crecimiento de esta, y además surgieron plantadores de muchas otras iglesias locales. Por citar un ejemplo, en enero de 2005 fuimos a Bragado, sobre la Ruta nacional 5, donde tenían una iglesia en desarrollo y una escuela de evangelismo. Allí se dictó una Clínica de E.E. Adultos y salimos a realizar las prácticas en otras ciudades como 9 de Julio, donde tenían alcance de personas, que, en las salidas de entrenamiento práctico, recibieron el regalo de la vida eterna.

La iglesia de las Asambleas de Dios "Cristo la Solución", en el populoso barrio de Flores, ciudad de Buenos Aires, adoptó el ministerio y designó a un pastor dedicado a capacitar a los miembros con E.E., el hermano Cisneros, quien hizo un trabajo formidable, mientras la iglesia crecía a nivel local y plantaba iglesias en otras localidades del Gran Buenos Aires. Experimentaron un crecimiento exponencial.

El movimiento Visión de Futuro, que presidia y desarrollaba el Rev. Omar Cabrera, adoptó E.E. y capacitaba a todos sus líderes en el Seminario de Rafaela y en las iglesias locales por las ciudades grandes del país, con un inmenso crecimiento numérico, dentro de una modalidad de tipo neopentecostal.

Muchos años más tarde, en 2009 fuimos a Córdoba para motivar a una iglesia que había crecido mucho con E.E., la iglesia Bautista del barrio Patricios de Córdoba. El pastor Principal, Leopoldo Benedetto, me recibió en su casa. Evaluamos el pasado con E.E. y vimos la posibilidad de retomar el uso allí. Entonces, comenzó a evaluar la disponibilidad de recursos humanos, en base a las personas líderes activas capacitadas en años anteriores. Y de pronto, con lápiz y papel, levanta la mirada y dice, "todos estos hermanos han salido a plantar iglesias a distintos países y son pastores y obreros ahora". Pudimos glorificar a Dios, pues se había cumplido el efecto multiplicador de E.E.

También la iglesia, Cita con la Vida, de la ciudad de Córdoba, adoptó y usó mucho E.E. para su crecimiento. El pastor Carlos Belart fue un inteligente obrero, aprovechando E.E. para que la iglesia hiciese un claro trabajo evangelístico de manera permanente.

En Santa Fe, capital de la homónima provincia Argentina, volvimos a capacitar a una iglesia local en marzo del 2011. La iglesia Nueva Vida, que presidía el pastor José Faienza y su esposa, retomaba el ministerio local de E.E. Ellos habían empezado en 1991 y habían plantado 13 iglesias en el interior de la provincia. Ahora volvían a usar E.E. con sus nuevos modelos didácticos. Llevamos a Casati para enseñar; era un viejo amigo y conocido del pastor local y su esposa. Como la hermana tiene un ministerio de consejería muy fructífero, permanentemente usaba la presentación del evangelio para la tarea de aconsejar. Nos relató algo sorprendente: tenía registro de más de 3,000 decisiones de fe a lo largo de esos años. Y sumado a esto, ese fin de semana de entrenamiento de Ev2 tuvimos 176 decisiones de fe ¡para la Gloria de Dios!

Volviendo a los años 80, mientras este accionar continuaba en Argentina, el Comité Nacional asumió el desafío de llegar a Uruguay y Paraguay con el impulso que daba el ministerio Internacional para la región del Cono Sur.

A mediados de esa década se comenzó la obra en Uruguay. El Señor utilizó al pastor Alfredo Adjián, de la Iglesia Evangélica Armenia de Montevideo.

También el pastor de la Primera iglesia Bautista, Lemuel Larrosa se comprometió para desarrollar E.E. Se hicieron clínicas y se desarrollaron implementaciones. Visitamos con Daniel Perrone la Iglesia Armenia 20 años más tarde, y los hermanos recordaban con afecto ese tiempo, y aun a modo personal usaban E.E. Fue maravilloso encontrar el fuego ardiendo allí.

En Paraguay se dictaron clínicas en esos años. Casati y Ernesto Humeniuk fueron capacitadores en el país hermano. Pedro Berardo y Juan Manuel Monzón fueron desarrolladores pioneros en Paraguay, que conformaron el primer comité nacional. También hombre clave fue el pastor Alfredo Klassen. De raíz menonita, apasionado en hacer discípulos y plantar iglesias, por muchos años dirigió el ministerio nacional. Especial en las relaciones interpersonales, logró que muchos obreros de todas las denominaciones se capaciten y usen E.E. Cabe mencionar que asumió el desafío de entrar a predicar en la cárcel más peligrosa de Asunción del Paraguay, el penal de Tacumbú, y lo hizo por muchos años. El fruto entre los internos fue maravilloso. Hombres desesperados que encontraron a Jesucristo y sus vidas fueron transformadas. Recuerdo que en tiempos que las iglesias no mostraban mayor interés, en la década pasada en usar E.E. Alfredo y su equipo seguían visitando el presidio para hacer discípulos. Solía decir, "si las iglesias no quieren…el Señor quiere que los reclusos sean salvos".

En cada país, hubo un tiempo oportuno y personas que Dios escogió para ser herramientas útiles a nivel nacional. Mencionamos algunos, pero por cada uno de ellos, hubo decenas que de manera comprometida llevaron adelante la siembra y la cosecha que el Señor había preparado para aquellos años. Casati era siempre bien recibido, admirado y tremendamente respetado. Su humildad calaba hondo en los corazones de todos. Conservaba los amigos de servicio por años, y hay que resaltar la confianza que había entre todos ellos. Personas muy íntegras que estaban profundamente enfocadas en la Gran Comisión. También todos deseaban que el Dr. Lajara volviera a visitar sus iglesias locales, sus familias y ciudades. El paso de esos dos hombres iba dejando una huella inmensa de la gracia en las vidas de todos aquellos con quienes el Espíritu Santo ponía en relación. Cuando observamos estos procesos de manera integrada, vemos la Providencia de Dios trabajando en su Plan Redentor. ¡Nuestro Dios es Admirable!

Período posterior, años 1990-2009.

Los cambios sociales, políticos y económicos que se introdujeron en la década de 1990 en varios países de la región, afectaron la idea de proyección que se planteaba en la primera década ya descrita anteriormente.

El advenimiento de la posmodernidad, y la llegada abrupta a la América Latina del poscristianismo, trajo nuevas maneras de pensar y desarrollar las iglesias.

Progresivamente las construcciones denominacionales entraron en diversas crisis, y eso detuvo el impulso inicial de E.E. en la región. La aparición del neopentecostalismo y el nuevo paradigma apostólico en América Latina generaron toda una retracción a mediados de la década en el Cono Sur.

A principios del siglo XXI, haciendo un relevamiento con pastores que habían implementado E.E. en sus iglesias 20 años antes, nos comunicaban una diversidad de causas por las que pospusieron o abandonaron el uso del ministerio, que no dejaban de valorar, nos explicaban, pero que la gente no quería procesos largos de aplicación, y se buscaban otras alternativas.

Evidentemente la cultura del consumismo avasallaba a los cristianos, y la vida de las iglesias se vio afectada por ese engañoso modo de ver la fe.

Uno de ellos fue muy sincero, un obrero argentino, quien nos dijo: "viste como somos los argentinos, discontinuamos todo". De ese modo nos explicaba el desinterés que se generaba en la gente.

Muchas iglesias sostenían procesos en pequeñas escalas y muchos entrenadores seguían formando algunos nuevos entrenadores y ganadores de almas. Había planes del comité nacional, pero se llevaron adelante con ciertas dificultades. Y Lajara, Casati, Calcagni, Humeniuk, Perrone, Klassen, y tantos otros siguieron firmes, con las manos en el arado, bregando con las Clínicas y la implementación, hasta donde sus esfuerzos se hicieran posibles.

Como Casati era Director Regional para el Cono Sur seguía alentando a líderes y procesos en la región. Visitaba los países y apoyaba el desarrollo en los lugares donde las puertas seguían abiertas o se abrían. Siempre tenía acompañamiento local y E.E. continuaba dando fruto. También de manera permanente asistía a Cecilio Lajara en todo lo relacionado con revisión de materiales y asesoramiento a los países fuera del Cono sur, en Latinoamérica.

En marzo de 1996, Casati junto a Juan Calcagni, Presidente del Comité Argentino, se hicieron presentes en la Iglesia Presbiteriana Coral Ridge, en Fort Lauderdale para los eventos del Congreso Mundial de E.E., pues se habían alcanzado todas las naciones del globo, 211 en ese momento, con la introducción e implementación del ministerio de E.E.

Era un momento glorioso. Todos los directores y presidentes de Comités Nacionales, junto al Board de E.E. Internacional, estaban en los servicios de Acción de Gracias a Dios por haber permitido alcanzar la visión mundial, todos los países trabajando en una medida u otra con el desarrollo nacional de E.E. En tres décadas, la expansión global fue alcanzada. El Dr. D. James Kennedy, Pastor Principal de Coral Ridge, fundador y Presidente de E.E. a nivel mundial, presidía y predicó en esos servicios.

Ahora los desafíos de un nuevo tiempo a nivel mundial hicieron que E.E. pensara en su futuro, en su proyección hacia el siglo XXI. Varias comisiones a nivel del Board se ocuparon en orar, soñar, pensar, plantear y resolver hacia ese futuro. Entonces, a partir de 2003, un proceso de innovación se presentó a nivel mundial y de manera progresiva se fue trasladando a las regiones en todo el globo. El Dr. Lajara, como Vicepresidente para Iberoamérica fue llevando los procesos de innovación a los diferentes países bajo su responsabilidad.

Diferentes capacitaciones, evaluaciones, consultas y tomas de decisiones se fueron dando en los países. En especial, la iniciativa tomaba fuerza allí donde E.E. estaba mejor organizado y se llevaban las iniciativas a cada región. Osvaldo Casati y el Dr. Lajara fueron visitando los países, viendo a los hermanos, alentando los procesos locales y nacionales.

En Argentina, tenía fuerza una iglesia bautista que hacía las veces de base de Clínicas en Lanús, en el Gran Buenos Aires. Allí el pastor Alfonso Cubilla seguía trabajando y la iglesia fructificando con E.E. como eje de ese proceso de crecimiento. La iglesia había comenzado en la misma casa del pastor. Sus hijos, excelentes entrenadores y discipuladores, se ocupaban de la gente que Dios les daba como nuevos discípulos de Jesucristo. El Comité Nacional proyectó varias acciones desde ese lugar. También se sumó el pastor y misionero coreano Pedro Kang, que conocía E.E. desde su Corea natal, y lo quería multiplicar en Argentina. La Misión Iglesia Santidad, en el barrio porteño de Boedo, empezó a colaborar para multiplicar E.E. a todos los obreros bajo su influencia. Y allí Daniel Perrone, pastor local y mano derecha de Pedro Kang, llevó a cabo los procesos. Debido a que Daniel pertenece a la primera generación de personas capacitadas por E.E., y lo ha usado con continuidad a lo largo de tres décadas, queremos compartir su testimonio:

En los primeros años de la década del '80, conocí Evangelismo Explosivo en una Clínica en la Iglesia Bautista Lanús de Cristo, que pastoreaba en ese entonces Juan Calcagni. Dirigió la Clínica Woody Lajara.

Fue realmente impactante ver a los hermanos de la iglesia sirviéndonos con todo gozo, y saliendo a compartir el evangelio de manera personal. Fue una semana recibiendo mucha información, pero también reconociendo el amoroso propósito de Dios que nos ofrecía una herramienta tan preciosa y útil. Cada día de esa semana nos llevó mucho tiempo en las clases de Woody, pero él era impactante, desde su porte, su forma de transmitir la enseñanza, como por su amabilidad y entrega. Algo inolvidable. Una de nuestras salidas fue a la estación de trenes de Lanús. Allí junto a dos pastores amigos tuvimos la oportunidad de ver como cinco personas recibieron el regalo de la vida eterna.

Ya a mitad de la semana quería desarrollar el plan lo antes posible en la iglesia que estaba pastoreando en Floresta. Pero debíamos todavía completar los materiales de la carpeta y dar nuestro examen.

Yo llevaba varios años en el pastorado, y con experiencia pastoral aún antes de mi ordenación, pero E.E. fue un antes y un después para mi forma de evangelizar y para preparar a otros para compartir el evangelio. Pues antes no tenía una estrategia, ni una herramienta, ni un material para preparar a los hermanos para cumplir con la Gran Comisión.

Gracias a Dios luego de tantos años los hermanos preparados en ese tiempo siguen compartiendo el evangelio y los que lo recibieron siguen firmes y comunicando las buenas nuevas del "regalo de la vida eterna".

Cuando fuimos con mi familia a Misiones, provincia del norte argentino, para servir al Señor allá, pusimos en práctica el plan. No puedo negar mi gratitud al Señor por darme la oportunidad de compartir el evangelio a tantas personas, y por ver a tantos hermanos deseosos de ser parte en la siembra. Para algunos fue, como para mí mismo, un antes y un después en su vida.

Al volver a Buenos Aires, como siempre, nos transportamos con lo que somos y tenemos. Y E.E. ha sido de tremenda bendición. Así comenzamos con tres Obras Misioneras, y algunos de los hermanos que recibieron el evangelio y fueron discipulados, hoy son pastores. Y en ellos está el fuego de la presencia del Señor sobre sus vidas, que los lleva a no dejar de entregar lo que han recibido.

Participo en un Centro de Capacitación Pastoral desde hace unos 15 años en Buenos Aires. Pusimos en marcha una vez al año, como parte de la currícula, Manos a la Obra. Hemos visto la mano de Dios obrando entre nosotros y la gracia de Dios derramada en cada iglesia representada y que ha implementado el plan.

El primer año que hicimos la Clínica en el Centro de Capacitación, nos dirigieron y enseñaron los pastores Osvaldo Casati y Guillermo Di Giovanna, y más adelante nos bendijo con su participación y enseñanza Will Rodríguez.

Debo reconocer con tanta gratitud la vida de quienes a través de los años han servido al Señor con desinterés y amor para que la iglesia, tanto en Argentina como en América Latina, pueda aprovechar la bendición de E.E. Woody Lajara plantando, Juan Calcagni Pionero en Argentina implementando y enseñando junto con Osvaldo Casati y Ernesto Humeniuk. Sus preciosas vidas han sido y son un ejemplo y un desafío para mi vida y ministerio.

Ellos también me dieron la oportunidad de servir en E.E. como Director Nacional. Y pude participar activamente varios años con su apoyo, oración, consejo y acompañamiento en la implementación en Argentina, Uruguay, Chile y Paraguay de la visión y materiales renovados de E.E. Y así pude conocer también preciosos siervos y siervas del Señor que han dado y dan sus vidas para el crecimiento y maduración de la iglesia en sus países a través de E.E. Reconozco con todo cariño y respeto al Pastor Alfredo Klassen y su esposa, a Fermín González y su esposa Antonia en Paraguay; a Jovita Medel, a Ruth Johana Figueroa Quesada y su esposo Gabriel en Chile, Nelson Ibarra, Cristian González en Argentina y a Will Rodríguez y Tatita, entre otros valiosos y queridos hermanos.

Y pude participar de dos Congresos de las Naciones. Allí fue más claro el accionar de Dios en el mundo, así como fue de tanto estímulo conocer a animosos hermanos que cada día sirven al Señor extendiendo su reino en sus países, muchos a riesgo de sus vidas.

Debo agradecer por el pastor James Kennedy, que fue fiel a la visión celestial, y a quienes salieron al mundo a compartir la visión de E.E. Y poder hacer mi pequeña parte en esto, mientras me gozo de la obra salvadora de Dios.

En 2003 E.E. lanzó un programa de búsqueda y desarrollo de Trabajadores de Campo en todo el mundo. Por medio de los Comités Nacionales se estableció una agenda con el Vicepresidente y los Directores Regionales para buscar posibles candidatos y tener con ellos tiempos de capacitaciones y selección de estos nuevos obreros para la nueva etapa del ministerio a nivel mundial.

Osvaldo Casati trabajó en este objetivo para el Cono Sur. Se estableció una fecha en setiembre de 2004 en Paraguay, y se llevó adelante la selección, con la llegada del Vicepresidente, Dr. Cecilio Lajara y los hermanos que vinieron de Chile, Argentina, Paraguay, Colombia, etc. Se puso en marcha el proceso de relevamiento, y posterior innovación y las metas de establecer o renovar los comités nacionales. Los materiales ya revisados de 13 semanas, manuales de clínicas y toda la experiencia de campo, iban a acompañar como herramientas útiles a los nuevos obreros.

Comenzó el testeo, traducción y pruebas de campo de una nueva herramienta de motivación, llamada "Comparta su fe", un workshop de día y medio, para motivar, promocionar y enseñar lo más básico de la presentación del evangelio, con salida de entrenamiento práctico para hacer una demostración.

Dentro de los planes del Dr. Lajara estaba una visita a Paraguay y Chile en 2005. Nos reunimos en Paraguay para un congreso de motivación y promoción con el hermano Klassen y su esposa, iglesias amigas de E.E. y los trabajadores de campo. Y luego llegamos a Santiago de Chile, a trabajar en el testeo de Comparta su Fe con los hermanos de la Iglesia Presbiteriana de Chile en la Primera Iglesia. Fue un tiempo de tomar contacto con misioneros presbiterianos brasileros que servían a la iglesia presbiteriana de Chile, los pastores chilenos amigos y nuestro equipo. Allí entre recuerdos y nuevos desafíos probamos la herramienta, y motivamos a trabajar con esas iglesias. Joao Rocha hizo las veces de coordinar estos encuentros en Chile. En Temuco, en la misma semana, tuvimos un taller con los hermanos bautistas y aliancistas y algunos pentecostales también. La Coordinadora Joba Médel realizó un trabajo tesonero, encendiendo el fuego de la evangelización por muchas ciudades. El pastor José Mardones de la Iglesia de la Alianza abrió las puertas, y E.E. volvió a florecer en esa región. Entramos en un nuevo tiempo y se estableció la base para un Comité Nacional que pudiese gestionar los procesos. Esa semana, en Santiago de Chile, la Primera Iglesia Presbiteriana facilitó instalaciones. Woody Lajara, Osvaldo Casati, Pablo Méndez y el candidato a Director Regional para el Cono Sur, Guillermo Di Giovanna de Argentina, también revisaron el material, la traducción y el formato inicial de **Comparta su fe**. Entonces surgió el nombre que le daríamos para la América morena, **"Manos a la Obra"**, que tiene la impronta que necesitamos los latinos, ir a la acción.

Pablo Méndez dirigía Colombia, pero también era Director para América del Sur. Todos los nuevos obreros, llamados Trabajadores de Campo que se habían sumado en la región a partir de mediados de 2004, estaban bajo su mentoreo. Con una gracia particular para liderar y también para desarrollar a otros iba influyendo en la tarea de cada uno, orientando los distintos desafíos personales y de la tarea por hacer. Su esposa Argelia le acompañaba para con las hermanas y pudimos conocer y ser bendecidos por Dios por medio de esta familia entregada al servicio. Su capacidad de relacionarse amistosamente y ayudar a otros, su integridad y mansedumbre, brindaron un recurso usado por Dios para fortalecer y desarrollar a todos los nuevos obreros.

En esos años la Quinta Iglesia Presbiteriana de Santiago, llegó a ser una base de Clínicas, la Sexta Iglesia en Las Condes, que presidía el pastor Leandro de Almeida Pinheiro, también abrió sus puertas. Tuvimos Clínicas de E.E. Adultos en Santiago y Temuco, donde el proceso crecía en la Segunda Iglesia Bautista del barrio Santa Rosa. Allí el pastor Ángel Montenegro colaboró y se había sumado en 2005 al Comité Nacional. Talleres "Manos a la Obra" en todas esas iglesias y muchas más que reportaba la obrera, Jovita Médel. También el entrenamiento para Maestros de Clínicas y luego en 2007 introdujimos E.E. Juvenil. Nos visitó Guillermo Salinas, misionero presbiteriano en México, plantador de iglesias que dirigía el desarrollo de E.E. Juvenil en el continente. En Chile, la Coordinadora Jovita Médel realizó un trabajo tesonero, encendiendo el fuego de la evangelización por muchas iglesias de distintas ciudades. Luego Joao Petrecelli, otro misionero brasilero que llegó a Santiago de Chile, siguió en la Quinta Iglesia Presbiteriana capacitando entrenadores. En ese período José Mardones fue presidente del Comité Nacional. El hombre que tuvo el sueño en 1982 de llevar E.E. a Chile, seguía impulsando la visión.

En modo simultáneo estos pasos se dieron en Argentina. Los talleres, clínicas y el proceso de construir con fuerza un ministerio nacional demandaban todo el esfuerzo de sus participantes. La experiencia de Casati y Calcagni inspiraban confianza para ser aconsejados permanentemente, en como seguir adelante.

A fines de 2004, se hacía necesario ampliar y desarrollar un equipo para Argentina, que era el país motor de la región. Empezamos a orar y accionar. Se fue dando una unidad de acción con Juan Calcagni, Osvaldo Casati, Alberto Aisncough y Rosa, Daniel Perrone y Lidia, Pedro Kang y Alfonso Cubilla. Todos se brindaron y progresivamente acompañaron con sus iglesias, acciones y participación directa el crecimiento del trabajo de Argentina y el Cono Sur, ya que, por ejemplo, Alfonso nos ayudaba en Paraguay y más tarde Daniel lo haría sobre Chile por un tiempo.

Las visitas del Dr. Lajara y su mentoreo, contando ahora con la posibilidad de usar las nuevas comunicaciones a la mano por internet, en particular los e-mails y el Skype, permitían diálogo cercano y mejor monitoreo. También se digitalizó toda la rendición de cuentas a formas electrónicas, facilitando el flujo de la información de lo que acontecía en el continente.

Las reuniones del Equipo de América Latina, en las cuales participábamos con Casati eran sumamente enriquecedoras. Viajamos a Villeta, en Colombia, donde seguimos recibiendo instrucciones, e interactuamos con todos los obreros de Iberoamérica. Pablo Méndez y Argelia habían organizado el encuentro y la logística para recibir a todos los obreros de América Latina que pudieran llegar. Hicieron una tarea formidable. Era abril de 2007, Ron Tyler le entregó a Casati una placa honoraria por los años de servicio, 25 años. Luego de acompañar a Casati por dos años y medio, tomé la responsabilidad del Cono Sur. Seguimos viajando juntos, enseñando, y particularmente su mentoreo fue extraordinario para hacer una tarea que excedía todas las posibilidades humanas propias.

Había que buscar pastores interesados en capacitar e implementar en las iglesias locales. Los esfuerzos eran muchos, producir los materiales en imprenta o foto duplicación de buena calidad, viajar a capacitar, motivar y alentar. Organizar los equipos nacionales para que los procesos tuvieran continuidad y eficiencia. Reunir fondos de apoyo y sostén para los trabajadores de campo en la faz operativa. El apoyo de oración de los hermanos coreanos, en Latinoamérica y USA fue realmente significativo. Las iglesias que nos sostuvieron en oración también en Corea nos hicieron ver el poder activo del Espíritu Santo, guiando, corrigiendo, movilizando, involucrando personas y especialmente trayendo salvación en muchos lugares. En un momento, Pedro Kang enviaba boletines de oración por e-mail a 1700 contactos de intercesión en Corea cada mes. Y las vigilias de oración, realizadas en la iglesia local del Barrio de Boedo, tenían inmensa respuesta en las tareas de los países de la región del Cono Sur. Y lo mismo sucedía en todos lados, la premisa era evaluar si las cosas marchaban, y donde se estancaban, es que había flaqueza en la vida de oración que debe acompañar la vida de cada discípulo. Y donde florecía la oración, que es búsqueda y dependencia del Señor, florecía el ministerio. Esto nos lleva a reconocer que fueron las fuerzas de Dios, no las nuestras. Fue la sabiduría de Dios, la pura gracia y misericordia de Dios que hicieron la obra en el Cono Sur y en todo el continente. Era lo que nos había enseñado el Dr. D. James Kennedy haciendo siempre hincapié en las palabras del profeta Jeremías del capítulo 33:3, "Clama a mí, y yo te responderé, y te enseñaré cosas grandes y ocultas que tú no conoces".

En 2006 nos trasladamos a Bahía Blanca con María Alejandra, mi esposa. Como Director Regional del Cono Sur, correspondía atender los países de la zona. Podía en un día de bus, llegar a Temuco, en el centro sur de Chile y acompañar a Jovita Médel, que vivía en la zona. Allí reuníamos al Comité y velábamos por el ministerio nacional en construcción. Allí fue que reclutamos al matrimonio de Gabriel Tatín y Ruth Figueroa, que fueron progresivamente creciendo en el ministerio.

En ese año, empezamos a introducir E.E. en la iglesia bautista Pueblo Nuevo de Bahía Blanca. El pastor Néstor Golluscio volvió a abrir las puertas locales para la capacitación e implementación. Hicimos las primeras armas, y orando el Señor nos guió a entrenar a uno de sus pastores, que entonces se ocupaba del área juvenil, el hermano Carlos Ibarra. Con muy buen ánimo aceptó el reto, y emprendió el camino de formación en E.E. Tuvimos clínicas de adultos y jóvenes, con la visita de Guillermo Salinas de México. Y fuimos desarrollando un equipo local, dentro de la visión a tres años, que hoy sostiene el ministerio nacional de E.E. Argentina. Carlos me acompañó a Chile, pues tenía un sentir hacia el país hermano, ya que su papá era de origen chileno. Y allí, en Santiago se graduó en Clínicas de E.E. Adultos, y en otras capacitaciones. Adopto la visión y la iglesia local siguió creciendo. En 2007 rompió una situación de meseta y retomó el crecimiento sostenido, pasando la barrera de los 1,000 miembros. Carlos se sumó al equipo nacional y llego a ser el presidente. Luego de muchos años, reemplazó a Juan Calcagni. Volvimos a comprobar, en pleno siglo XXI, que la visión a tres años seguía siendo tan aplicable y fructífera, tal como nos enseñaron los hermanos de la generación anterior. En tanto, en la zona de Buenos Aires, Daniel Perrone seguía a cargo y Casati le siguió ayudando. Y el pastor Alfonso Cubilla, seguía trabajando en la zona sur del Gran Buenos Aires.

En Paraguay, Alfredo Klassen alentó los mismos procesos, mientras seguían los entrenamientos de 13 semanas, llevamos Manos a la Obra, y E.E. Juvenil. Un discípulo de Alfredo, el pastor Fermín González Ocampo, se sumó a la tarea con su esposa. Entonces pudimos ver como florecía el trabajo hacia las generaciones más jóvenes. Viajamos con Daniel Perrone varias veces a alentar estas herramientas y vimos apertura para desarrollarlas.

En Uruguay, la Iglesia Evangélica Armenia nos abrió las puertas una vez más. Tuvimos un taller con 70 jóvenes y luego ellos lo multiplicaban en las campañas de verano en el interior del país, donde predicaban en diferentes pueblos y ciudades. El pastor principal Pedro Lapadjián es un líder de la evangelización en el país y el pastor Ricardo Aprikián, pastor de jóvenes, llevaba adelante el proceso local, dentro de los objetivos de aquella iglesia.

En 2008 el Equipo de América Latina volvió a reunirse para la gestión de la tarea continental en Bogotá, Colombia. Seguíamos acompañando los procesos nacionales y regionales, y nos uníamos más y más en los objetivos del ministerio continental. Casati todavía nos acompañó en aquella reunión en el Convento de Usaquén. El ministerio continental se iba preparando para los próximos pasos, que tenían la conformación de un Congreso Mundial de E.E. y una nueva manera de orientar el ministerio a nivel global. Nos acompañaba el Dr. Ron Tyler, Vicepresidente Global de E.E. que había sido reclutado por el Dr. Lajara para el servicio en este ministerio muchos años atrás. En ese encuentro, propusimos al Dr. Ernesto Humeniuk, que residía en Miami, como miembro del Board, representando a América Latina. Iba en reemplazo de la hermana Rosita de Ainscough, que había estado en ese rol antes. Ernesto aceptó el desafío y su nominación fue aceptada en E.E.

Mientras en los países se impulsaba una nueva etapa, el Equipo Continental de Directores de E.E. ayudaba a resolver problemas locales, orientaba en la búsqueda de líderes dispuestos, iglesias locales y nuevos desafíos en el horizonte para emprender. Un importante anhelo era traer el modelo que ya E.E. tenía para Evangelismo de Niños, que trabajaba en América Latina, pero no habíamos podido desarrollarlo en el Cono Sur. Por eso nos acompañaron a Bogotá para capacitarse tres hermanas. En la iglesia Bautista El Camino se desarrolló una importante clínica de E.E. Niños, a cargo de Argelia Morales de Méndez. Las hermanas Tania Mattiussi de Petreceli, Miriam Lago Moncada de Vílchez, que servían en Chile, y volverían a preparar a otras hermanas en la Quinta Iglesia Presbiteriana de Santiago. Y de Argentina, Lidia Vartanián de Perrone, para hacer lo mismo en ese país. Queríamos lograr este objetivo y luego llevarlo a Paraguay y Uruguay. La hermana Lidia Vartanián de Perrone cuenta su experiencia con E.E. pues ha estado vinculada junto a su esposo por unas tres décadas y asumió el reto de ser responsable para Argentina de este ministerio enfocado en los niños:

Con este testimonio quiero alabar al Señor por el ministerio de Evangelismo Explosivo, muy especialmente por Esperanza para niños.

En el año 2008, recibí la invitación del pastor Guillermo Di Giovanna, a participar de la Clínica de Esperanza para niños para países de Latinoamérica, en Bogotá, Colombia.

Vi la confirmación de Dios en Su provisión para el viaje, y como docente, cuando pedí permiso a mi Supervisora, ella me dijo que tome los días que necesite ya que esto iba a ser para el bien de los chicos de Argentina.

Así es que pude participar allí con gozo, pues Dios renovó su llamado:"He aquí he puesto una puerta abierta delante de ti, la cual nadie puede cerrar, pues aunque tienes poca fuerza, has guardado mi palabra y no has negado mi nombre" Apoc.3.8

Desde mi adolescencia consagré mi vida al Señor y supe que esa "puerta" eran los niños, por eso me preparé como maestra y en la Palabra, y pude compartir con ellos el evangelio.

En esta Clínica me impactó la sencillez de las lecciones para comunicar el evangelio a los niños, y el amor con que la iglesia había preparado todo, el matrimonio Méndez, y Cristina Blanquel.

Sin dudas, lo que más marcó esa experiencia, fue la salida que hicimos a un Hogar de día, de chicos de la calle. Allí presenté el evangelio a niñas de 12 y 13 años. Ellas me contaron sus vivencias, conocían todos los males de la calle y se sentían indignas. Cuando comprendieron que Dios las amaba y que dio a su Hijo, lo recibieron en su corazón y lloraban con arrepentimiento y gozo. Pude ver de qué manera sencilla era factible compartir el evangelio y el fruto que daba.

Así es que volví con entusiasmo e hice un llamado a la iglesia, pues necesitaba colaboradores para trabajar en equipo. Con cuatro jóvenes empezamos a preparar los materiales y nos largamos a la tarea. Varios maestros fueron capacitados.

Muchos chicos del barrio conocieron a Jesús como su Salvador; algunos ya adolescentes siguen fieles, otros están en otro pais e iglesia. Una niña falleció en un accidente, pero horas antes manifestó su seguridad del regalo de la vida eterna. Otros, no sabemos, pero escucharon del amor de Dios.

También preparamos con la iglesia varias Clínicas, donde se capacitó un buen grupo de maestros. Pudimos colaborar en Clínicas de otras iglesias.

¡Por todo agradezco al Señor, sin dudas que Esperanza para Niños es una hermosa herramienta para que los niños conozcan al Señor!

Mientras en los países se impulsaba una nueva etapa, el Equipo Continental de Directores de E.E. ayudaba a resolver problemas locales, orientaba en la búsqueda de líderes dispuestos, iglesias locales y nuevos desafíos en el horizonte para emprender. Un importante anhelo era traer el modelo que ya E.E. tenía para Evangelismo de Niños, que trabajaba en nuestro continente, pero no habíamos podido desarrollarlo en el Cono Sur.

Algunas cosas habían sucedido en 2008, entre el invierno y la primavera, que indicaban la urgencia de comenzar el trabajo con niños.

Lo primero era que, en la Clínica de Jóvenes en Santiago, el pastor Leandro de Almeyda Pinheiro nos urgía a traer el programa de niños a Chile. Lo segundo, que, al volver a casa, cerca de un mes más tarde, hubo al teléfono una llamada con un pedido muy delicado de la hermana María Laura Vázquez. Ella ejercía como enfermera pediátrica, en la terapia intensiva de un Hospital Regional José Penna de la ciudad de Bahía Blanca. Me solicitaba visitar la terapia donde un niño de 10 años estaba en fase terminal, y pedía ver a un pastor. Inmediatamente dejé mis labores y me acerqué a ese lugar. Me explicaron que el niño era de una ciudad cercana, y que no había posibilidades de vida, dada la afección que padecía. Pero como en la ciudad de origen iba a un templo evangélico, quería ver a un pastor. ¡Qué experiencia tan fuerte! Cuando me acerqué a la cama le tomé la mano y le llamé por su nombre, e intentaba al menos orar. Cuando comencé a orar sencillamente hizo una crisis y falleció. Llamé al personal sanitario, y ellos se acercaron, no teniendo ya más nada por hacer. Luego conversé con la madre, que lloraba. Más tarde volvía a casa, conduciendo el automóvil, y comprendí algo muy simple, pero profundamente vinculado a los propósitos redentores del Señor: ese niño era creyente. Se había ido al cielo a estar con el Señor. ¿Y qué de tantos otros que no conocían el regalo de la vida eterna? Sin duda, había que poner prioridad en traer E.E. Niños al Cono Sur.

Entre tantos quehaceres y tantas demandas, siempre estábamos fijando las prioridades en oración y colocando las metas de cada año, para lograr esos objetivos. Y con tanto trabajo esto se había ido posponiendo en el Cono Sur. El tiempo era el indicado.

Entonces, llegado el año 2009, fuimos convocados a participar de una reunión de Directores Regionales, y otros líderes mundiales en Fiji, Oceanía. Este encuentro tuvo lugar en agosto y principios de septiembre de 2009. Tuvimos una experiencia muy buena a nivel transcultural, entre los miembros de E.E. Conocimos a los Vicepresidentes de los continentes, a muchos de sus colaboradores. Y presidía la reunión el Dr. John Sorensen, Presidente Mundial del ministerio. Allí presenciamos de manera personal, el programa de la transición hacia el Congreso Mundial de E.E. que tendría lugar en Kuala Lumpur, Malasia en marzo de 2010. Y fue allí en Fiji que tuvimos la primera experiencia de Educación Teológica en un programa que se estaba implementando para el personal y se lanzaría en los continentes, que los había gestado el Dr. Cecilio Lajara, el programa denominado "Estudios Avanzados en la Gran Comisión". Contamos con la presencia del Dr. Paul R. Gilchrist, como docente y facilitador. Se dictaron los cursos "Él nos dio profetas" y "Reino, Pactos y Canon" del currículo de Third Millenium Ministries; en convenio con E.E. nos cedió los cursos para capacitar a los obreros. Fue un tiempo extraordinario con pastores de Fiji, que se sumaron a las clases. La camaradería es muy importante en las islas de Oceanía, y ellos nos ofrecieron sus comidas, su música, alegría y amistad.

Vivimos en Fiji muchos momentos muy memorables. Uno de ellos fue compartir un devocional para todos los presentes, con la ayuda de otros miembros del equipo de América Latina. Robert Foster nos ayudó con las lecturas en idioma inglés, para leer con buena pronunciación, y al término del devocional, el Dr. John Sorensen y el Dr. Ron Tyler entregaron una placa honoraria al Dr. Lajara por los años de servicio en E.E. en muchas responsabilidades mayores, entre ellas Senior Vicepresidente en un tiempo y Vicepresidente de América Latina y Península Ibérica por muchos años.

El Dr. Lajara había introducido E.E. en más de 80 países, haciendo las gestiones de viajar, y comenzar los trabajos de contacto, para luego tener las clínicas, elegir líderes que impulsarían el trabajo nacional, etc. En ese momento, dejaba el rol de la Vicepresidencia para América Latina en manos de Wilfredo Rodríguez, un discípulo suyo de Puerto Rico. Y el Dr. Cecilio Nicolás Lajara quedaba a cargo del proyecto de Estudios Avanzados en la Gran Comisión, que había diseñado por encargo del Board de E.E. con el apoyo del Seminario John Knox de la Iglesia Presbiteriana Coral Ridge en Fort Lauderdale.

Estábamos en preparativos para un proyecto que se llama Esperanza para Niños, en gestión global, y recibimos en Fiji las primeras orientaciones. Ya E.E. tenía un modelo de capacitación enfocado a niños, que trabajaba en nuestro continente, pero no habíamos podido desarrollarlo en el Cono Sur. Sin embargo, como hemos mencionado anteriormente, ya habíamos logrado capacitar a tres hermanas que hacían las primeras armas. Este nuevo proyecto daba un nuevo impulso a E.E. Niños, juntos con un nuevo diseño, más fácil de implementar. Contaba con donaciones del material impreso para capacitar muchas iglesias y donarles cantidad de entrenamiento para la implementación.

Así que estábamos frente a una oración contestada, pero podríamos multiplicar con muchas iglesias el modelo de evangelismo de niños. ¡Dios es bondadoso! Y a la vez, teníamos terreno preparado, hermanas líderes que ya habían preparado colaboradores en Chile y Argentina, lo cual facilitaría la puesta en marcha y la multiplicación de ese proyecto.

Período 2010-2012.

Fuimos a Costa Rica en enero de 2010, y allí vimos más detalles de todo lo que vendría para América Latina. Ron Tyler, Vicepresidente Global de E.E., instruyó a los líderes de los países multiplicadores para ir a Kuala Lumpur a firmar el "Pacto de las Naciones" en el Congreso de las Naciones, para un período de multiplicación y desarrollo de las naciones maduras, que iban a alentar a las naciones en crecimiento y a los países emergentes, a crecer. Llegaba marzo de 2010 y nos reuniríamos en Kuala Lumpur, Malasia. En tanto, estábamos ahora bajo la dirección de Wilfredo Rodríguez, colaborando con su gestión para que se afianzara su liderazgo continental.

También el Dr. Lajara estaba allí, para dictar, junto a Paul R. Gilchrist el primer curso en castellano del programa Estudios Avanzados en la Gran Comisión. Fue una semana maravillosa de estudios teológicos, de compañerismo y de instrucción e inspiración para el ministerio continental. Allí se le hizo un homenaje al Dr. Lajara y a su esposa Doña Carmen, que había llegado para un Servicio de Gratitud a Dios. Tuvo lugar el jueves 10 de enero, en San José, Costa Rica. Y nos acompañó el reverendo Juan R. Rivera Medina, de Puerto rico, viejo amigo de Woody, quien tuvo a cargo la reflexión de la Palabra, en base a Filipenses 2:29-30. En ese servicio fue reconocida su labor de más de 29 años sirviendo en E.E.

I Congreso de las Naciones de Kuala Lumpur.

Llegamos al Congreso de las Naciones. Allí se firmó el Pacto de las Naciones que daba inicio a un proceso de crecimiento a partir de los mandatos que ese Congreso daba en sesiones al Board de E.E. y que el Board debía llevar a ejecución, por medio de los Vicepresidentes, en cooperación con los países denominados "Maduros". Cada país firmante tenía las condiciones de funcionamiento, gobierno, y sustentabilidad, para tomar a su cargo a otro país en crecimiento y llevarlo progresivamente a ser un país M, es decir "maduro".

Esos días sesionamos todos los delegados en diferentes temáticas, que serían aprobados por el Congreso de las Naciones, entre ellas, el Documento de Indigenización de E.E. que señala la manera de inculturación del ministerio en los diferentes países y regiones del mundo. Me tocó, por directiva de Ron Tyler, firmar el pacto, en nombre de Argentina, como país "maduro" o multiplicador. El Comité Nacional estaba en respaldo de esa decisión. Tendríamos luego el deber de acompañar a Chile, como país en crecimiento por varios años, hasta 2016, cuando asumieron su nuevo estatus como país maduro, en el Congreso Mundial de Indonesia. Y en el caso de Paraguay, sería un país emergente, que debíamos desarrollar también.

Al regreso de este evento, que daba por iniciada una nueva etapa, con nuevos desafíos y una nueva manera de operación global de E.E. nos tocaba poner en marcha Esperanza para Niños.

Comenzamos con las hermanas de Chile y Argentina a planificar las actividades, y nos visitaría la hermana a cargo del ministerio continental, desde México, Cristina Blanquel de Vega. En octubre, del 9 al 11, tuvimos el taller de Esperanza para Niños en la iglesia Vida Nueva, en Buenos Aires. También ese ministerio se conoce como H4K, (Hope for Kids). Capacitamos a 28 iglesias, y 20 se añadían a E.E. El pastor Daniel Perrone y su esposa Lidia fueron anfitriones, y empezamos un proceso de multiplicación de ese ministerio, con la apertura de LAPEN (APEN) que nos permitió convocar a sus instructores, para entrenar en muchas iglesias a posteriori de este evento inicial. Se capacitaron hermanas de Paraguay y Uruguay, de manera que pudiésemos llevar ese ministerio a estos países también.

En ese mismo mes, unos días más tarde, 15 al 17 de octubre, tuvimos la misma capacitación en Santiago de Chile, para 25 iglesias, que comenzaban la multiplicación de Esperanza para Niños.

Estábamos en un precioso y estratégico tiempo de multiplicación. Dios había contestado las oraciones, y ahora proyectábamos un 2011 y 2012 con estos Talleres para capacitar niños, y las nuevas herramientas como EV2, que empezábamos a desarrollar en la región.

De hecho, el año 2010 arrojó un balance de 16 talleres Manos a la Obra en la región. Fueron entrenadas 264 personas, incluyendo 12 pastores, y 15 iglesias se añadieron en esa herramienta a E.E.

Tuvimos estos dos talleres ya mencionados de Esperanza para

Niños, 1 clínica de E.E. adultos y un lanzamiento de Evangelismo Eficaz. En este último se capacitaron 86 personas en Ev2. Lo interesante que se les presentó el evangelio a 303 personas, con 133 decisiones de fe y 39 de seguridad de salvación. Estábamos sumando 41 iglesias nuevas y alcanzamos a entrenar 19 pastores.

Se formó un equipo en Chile, con una obrera nueva, Ruth Figueroa Quezada y un Director Nacional, el hermano Ángel Montenegro, además, otros obreros voluntarios. Se sumaron dos obreros nuevos en Argentina, uno de ellos, el hermano Cristian Gonzalez, que luego fue el Director Nacional. Wilfredo Rodríguez vino al Cono sur para establecer a los nuevos obreros, tuvimos encuentros en Buenos Aires y Santiago de Chile.

Muchas Iglesias locales continuaron con sus entrenamientos de 13 semanas de E.E. Clásico y Juvenil.

Y en agosto de 2010, el Dr. Cecilio Lajara y Doña Carmen llegaron a Buenos Aires, para dictar un curso de los Estudios Avanzados en la Gran Comisión.

Un año muy intenso, de muchos viajes y mucho trabajo. Pero muy bendecido por Dios.

En el templo de la Iglesia Santidad, en Buenos Aires, donde teníamos una base, se dictó un curso de Antiguo Testamento a cargo del Dr. Daniel Santos de la Escuela de Teología Andrew Jumper de la Universidad McKenzie de Sao Paulo, Brasil.

Fue un tiempo de edificación, junto a un grupo de pastores del Centro de Capacitación Pastoral Bernabé, que dependía del Pastor Pedro Kang y de Daniel Perrone como mentores.

Como hemos reseñado, este año en el plan mundial era una etapa para desarrollos nuevos de E.E. en los diferentes países. Así que luego de un año de intenso trabajo, teníamos que lograr ir consolidando los procesos iniciados y sostener el desarrollo de los procesos de multiplicación locales.

El desafío era en sí inmenso, y se fueron dando una serie de acercamientos de personas que asumían roles de apoyo para sostener el trabajo.

Sin duda, íbamos comprendiendo cada vez mejor como hacer las tareas y trabajar en equipos. Y en cada país se iban desarrollando más talleres de niños y la implementación que debía acompañar esas capacitaciones.

Fueron años de intenso trabajo, y con el sistema de informes digitales, se podía dar información en tiempo real de lo que estaba sucediendo.

Así pasó el año 2011 y entramos en el 2012, para llegar en setiembre a una reunión de Directores Nacionales y Regionales en Fiji, con las autoridades mundiales de E.E. Fue en ese viaje que nos encontramos con Daniel Perrone, Director Nacional de Argentina, en el desarrollo de la región y acompañando paso a paso el crecimiento de Chile. Y nos alentaron a desarrollar la implementación con esfuerzos balanceados e inteligentes a todos los obreros.

También, se nos comunicó todo lo relativo al II Congreso Mundial, que tendría lugar en Sud África en 2013. Allí viajarían Daniel Perrone y Carlos Ibarra, este último como Presidente de E.E. por Argentina. Y allí, en Fiji, se nos informó que, a partir de 2013, no existiría más la posición de Directores Regionales, pues el desarrollo ahora estaba en manos de los países maduros, que debían por medio de sus Directores Nacionales y en acuerdo con los países en crecimiento, establecer los planes de acción y llevarlos adelante, por lo cual no hacía falta la tarea de Directores Regionales en el nuevo diseño de E.E.

Fue así como presenté mi renuncia en enero de 2013, luego de haber entregado toda la información pertinente al Vicepresidente Wilfredo Rodríguez (foto a la derecha) y al Comité Nacional de E.E. Argentina. Permanecí colaborando con el Comité Nacional como Asesor y con el Comité de Chile, en mentoría de los Trabajadores de Campo hasta fines de 2014.

Mi convicción es que el Señor me había llamado en 2004 por medio de Casati, Lajara y Pablo Méndez para esta etapa de revitalización de E.E. en el Cono Sur. Y eso por la gracia de Dios fue realizado. Esa tarea requería todo el apoyo que ellos me dieron y les dieron a los países. Todo su esfuerzo hizo posible expandir la acción de los ministerios nacionales. Además, ser parte del Equipo de Directores

Continentales que el Dr. Lajara había creado, fue muy honroso para mí y me permitió aprender y crecer junto a los responsables del continente.

Cuando llegan los planes del Primer Congreso Mundial, había un terreno preparado para que se diera esa expansión que E.E. había diseñado. Al consolidar este proceso, y desaparecer el rol al cual había sido llamado, para el que había sido amorosamente entrenado por ellos, no encontraba, a mi entender, posición en el organigrama. Todos mis mentores se habían retirado de la conducción continental también. Y entendí que tenía que cesar en la función por orden del Congreso Mundial, y porque el tiempo de ese servicio llegaba a su fin. Puedo con sinceridad recordar las palabras de Jesús: "Así también vosotros, cuando hayáis hecho todo lo que os ha sido ordenado, decid: **SIERVOS** inútiles somos, pues lo que debíamos hacer, hicimos." Lucas 17:10.

Doy gracias a Dios por todos estos años de servicio y los vínculos que se generaron, que hicieron factible vivenciar una intensa experiencia en la evangelización del Continente. Por cada iglesia que nos abrió sus puertas, en los distintos países, por cada oportunidad de enseñanza, de testificar, de motivar a otros a hacer discípulos, el escribir estas páginas, con antiguos colegas y hermanos, ha sido revivir la poderosa gracia de Dios en su pueblo del continente. ¡Alabado sea nuestro Gran Dios y Salvador!

Líderes de Evangelismo Explosivo de Iberoamérica en Costa Rica,

2010

135

DATOS BIOGRÁFICOS DEL DR. CECILIO N. LAJARA

El Dr. Cecilio (Woody) Lajara nació en Puerto Rico y ha servido al Señor desde su juventud; su madre, Sra. Camelia Lajara Rodríguez, se encargó de que su hijo recibiera enseñanza cristiana desde su niñez. Creció en la Iglesia Presbiteriana de Puerto Rico y después de terminar su carrera universitaria en la U.P.R., cursó sus estudios de Teología en el Seminario Teológico Presbiteriano "Columbia Theological Seminary" en Decatur, Georgia donde también recibió el grado de "Master in Divinity". En esta misma institución recibió el grado de "Maestría en Teología". Recibió sus grados doctorales en la Universidad Emory de Atlanta y en el "Luther Rice Seminary", también en Atlanta, Georgia.

Siendo de nuestra América "Morena", como suele llamar al continente Latinoamericano, el Dr. Lajara ha servido en varias capacidades ministeriales. Después de servir como pastor fundador de la Primera Iglesia Presbiteriana en Atlanta, fue al Campo Misionero por varios años. Estuvo trabajando como Profesor de Teología Sistemática en el Seminario Teológico Presbiteriano en México. Fue el fundador y organizador de la Escuela de Teología de la Universidad Mariano Gálvez en Guatemala. Participó en la organización del Programa Pastoral Logoi y fue el creador y organizador de la Facultad Latinoamericana de Estudios Teológico (F.L.E.T.) el cual desarrolló como su tesis doctoral. El Dr. Lajara, juntamente con el Dr. Paul Gilchrist y el Dr. Rick Perrin, fueron los creadores y desarrolladores de la "World Reformed Fellowship" (W.R.F.) CONFRATERNIDAD REFORMADA MUNDIAL.

El Dr. Lajara actualmente está jubilado después de haber trabajado por más de 40 años como misionero con la Junta de Misiones de la

Iglesia Presbiterana en América (P.C.A). y el ministerio de Evangelismo Explosivo, donde sirvió como Director Internacional (1994-96) y como Vicepresidente para el continente de América Latina.

Fue uno de los fundadores de varias organizaciones internacionales, entre ellas la Confraternidad de Iglesia Reformadas (C.L.I.R). Actualmente, después de su jubilación y junto a algunos líderes, ha organizado el Seminario Evangélico Virtual Juan Knox, el cual se ha estado desarrollando en América Latina y España.

El Dr. Lajara es casado con la Sra. Carmen Sánchez Lugo. Con expresiones de gratitud a Dios, ambos han cumplido 55 años de matrimonio. Ambos tienen tres hijos (Iris, Mariselle y Juan; y tres nietos (Melina 22, Caleb 20 y Victoria 16).